La Révérende Mère Marie LEGRAND

Supérieure Générale de la Sainte-Famille.

Gabriel TALVA

Chanoine, Missionnaire Apostolique,
Aumônier de la Sainte-Famille.

La Révérende Mère

Maria Legrand

Supérieure Générale

de la Congrégation

des Religieuses de la Sainte-Famille d'Amiens

1858-1922

AMIENS

IMPRIMERIE YVERT & TELLIER

37, Rue des Jacobins, 37

—

1925

Les pages qui suivent appartiennent aux religieuses de la *Sainte-Famille*. Elles me les ont inspirées ou prêtées : je les leur rends.

Si elles ne suffisent pas à fixer le souvenir de celle qui fut leur supérieure générale pendant vingt-cinq ans, elles ne leur seront peut-être pas inutiles pour rencontrer son regard et surprendre son attitude d'âme profonde.

Ceux qui furent admis à regarder en elle de très près ne sont pas nombreux. Aucun probablement ne fut plus à même d'y lire que l'auteur de ces lignes ; encore ne se reconnaît-il pas le droit de prétendre être allé beaucoup plus loin que le seuil. Dieu sait le reste.

Tout l'intérêt de ce pieux mémorial étant d'aider à la faire mieux connaître, la biographie y sera réduite au strict nécessaire. Une centaine de lettres forment le dossier où j'ai puisé mes principaux documents. Parmi elles, il en est un bon nombre qui sont dues à la plume de la révérende Mère Maria elle-même. Ce sont des lettres où son cœur s'épanche sans contrainte, ou des feuilles éparses qu'elle avait faites dépositaires de ses pensées et de ses sentiments, soit quand elle s'engageait au service de Dieu, soit quand elle se dépensait au service de sa Congrégation. J'ai respecté ces écrits que j'ai cités en partie ou dans toute leur étendue, aussi souvent que possible, estimant que le récit ne pouvait qu'y gagner en vie et en intérêt. On comprend la nécessité des corrections que j'y ai faites, quand on sait que la vénérée Supérieure était loin de songer que ces feuilles volantes seraient publiées un jour.

Telles quelles, j'ai la persuasion d'y laisser, vivant et parlant, l'esprit d'une mère, ce que l'historien latin Tacite appelle « la forme impérissable d'une âme ».

Louvencourt, le 12 septembre 1924.

En la fête du saint Nom de Marie.

G. TALVA.

I

La protection de la Sainte Vierge

La *Semaine Religieuse* du diocèse d'Arras, Boulogne et Saint-Omer, dans son numéro du 1ᵉʳ octobre 1874, publiait la lettre suivante :

MONSIEUR LE DIRECTEUR,

Il vient de se passer, à peu de distance de Laventie, un fait extraordinaire qui prouve une fois de plus la bonté de Celle dont il est dit qu'on ne l'a jamais invoquée en vain.

Depuis l'âge de douze ans, ma sœur qui en a maintenant plus de seize, était atteinte chaque année d'une sorte de rhumatisme articulaire, qui parcourait tout le corps, s'attaquant tantôt aux bras, tantôt aux jambes, et la condamnait à un repos presque absolu. Le mal disparaissait pendant un temps plus ou moins long pour reparaître bientôt.

Cette année, il s'est aggravé d'une façon inquiétante. Depuis la Noël dernière, ma sœur était clouée sur une chaise, dans l'impossibilité absolue de marcher sans l'aide d'une personne ou de deux béquilles; et encore elle ne marchait pas, elle se traînait littéralement. Les jambes surtout étaient atteintes ; le rhumatisme articulaire, arrivé à la période chronique, menaçait de se prolonger indéfiniment.

Abandonnée des médecins, qui avaient prescrit différents remèdes, sans amener d'autre résultat qu'un affaiblissement plus grand, ma sœur se tourna du côté de la sainte Vierge et demanda à Notre-Dame de Lourdes une guérison qu'elle ne pouvait trouver ailleurs. Elle commença avec sa famille et les personnes pieuses qui s'intéressaient à elle, une neuvaine qui se termina le 19 mars, fête de saint Joseph. Il ne plut pas à Marie de nous exaucer en ce moment, mais cet insuccès n'affaiblit pas notre confiance. Quelques jours avant la Nativité de la sainte Vierge, mon père promit à Notre-Dame de Lourdes de faire bâtir une chapelle en son honneur, si elle lui accordait la guérison de sa fille. La Vierge Immaculée l'avait entendu et elle se préparait à l'exaucer.

Les neuvaines recommencèrent à l'occasion

de la Nativité pour se terminer le jour même de la fête, ou à différents jours de l'octave.

Comme à la première neuvaine, ma sœur se servait de l'eau de la grotte pour faire des lotions sur les membres malades.

Le dimanche 13 septembre, fête du saint Nom de Marie, elle s'était levée aussi impotente que la veille et les jours précédents. Elle s'était habillée, avait dit sa prière du matin, sans remarquer d'amélioration ; ses jambes raides et douloureuses se refusaient au mouvement, comme par le passé. Elle se préparait à quitter sa chambre, lorsque saisie d'une inspiration soudaine, elle se dit en elle-même : « Je vais mettre mes bottines pour aller à la messe ! La sainte Vierge me guérira peut-être ! » Elle met ses bottines avec peine, elle se lève vivement sans effort, et elle marche. Le rhumatisme avait complétement disparu ; la sainte Vierge avait récompensé sa foi, en lui rendant la santé.

Elle est allée à la grand'messe et aux vêpres dans l'église de Laventie, située à un kilomètre de sa demeure; elle a voyagé toute la journée du dimanche, et depuis lors elle marche sans peine, preuve vivante et irrécusable des bontés de Marie. Tous les habitants de Laventie peuvent attester la vérité des faits que je rapporte: ils connaissaient parfaitement la maladie de ma sœur, et ils se sont réjouis avec nous de sa guérison subite. Un médecin qui avait antérieurement traité ce rhumatisme sans succès, et dont le témoignage ne saurait être suspect, a déclaré qu'il ne comprenait rien à cette cure d'un nouveau genre, « qu'il n'avait jamais rien vu de semblable, enfin qu'il y avait là quelque chose d'extraordinaire. »

Oui, il y a quelque chose d'extraordinaire, disons mieux, de surnaturel; il y a l'intervention toute miséricordieuse de Notre-Dame de Lourdes, qui a bien voulu se montrer encore une fois le secours des infirmes. Ce fait miraculeux est arrivé pendant l'octave de la Nativité; Marie a voulu récompenser par là les prières plus ferventes qui lui ont été adressées à l'occasion de sa fête.

Autre considération bien remarquable: ma sœur porte le nom de Maria, et c'est en la fête du saint nom de Marie qu'elle a été guérie instantanément.

Nous n'en pouvons douter, c'est la sainte Vierge qui a rendu aux membres malades leur souplesse et leur vigueur. La nature ne procède pas de la sorte; elle ne guérit que lentement et graduellement. C'est à la sainte Vierge seule que ma sœur est redevable de cette force et de ce bien-être qui succèdent, soudainement et sans transition aucune, à la faiblesse et à la douleur.

Voilà ma conviction, celle de toute ma

famille, de messieurs les ecclésiastiques de Laventie, de tous ceux qui ont connu ma sœur, et qui voient ce qu'elle est maintenant.

Toute ma famille vous prie, monsieur le Directeur, de faire insérer cette lettre dans la *Semaine Religieuse* afin qu'il en revienne à Notre-Dame de Lourdes un accroissement d'amour de la part de ses fidèles serviteurs. »

Signé : L. LEGRAND.

La *miraculée* du 13 septembre 1874 devait entrer en religion quelques années plus tard, et prendre rang un jour parmi les supérieures générales de la Congrégation de la Sainte-Famille d'Amiens. Combien ce rang fut éminent, il n'est aucune de ses sœurs qui ne l'atteste. A ce sujet, l'une d'elles donne à son témoignage le tour d'une comparaison heureuse. « La lumière placée dans la vallée éclaire seulement les rares habitations du voisinage ; mais si elle apparaît sur la colline, elle devient pour la contrée un phare bienfaisant, dont les rayons préservent de l'écueil, et guident la foule vers le port à travers les difficultés de la traversée. » C'est, en effet, aux difficultés de la route parcourue qu'on peut mesurer aujourd'hui l'énergie de la volonté et l'étendue des sacrifices qui brisèrent sans la vaincre, la révérende Mère Maria Legrand.

Aussi, à peine eut-elle disparu, qu'on recueillit avec émotion sur bien des lèvres les échos de ses vertus, et nombreuses furent les voix qui s'élevèrent, non point pour demander que sa statue et ses reliques fussent placées sur les autels, mais pour constater le crédit attaché à son nom. Nous en connaissons d'ailleurs qui ne se lassent pas d'implorer son assistance, et qui se mettent moins en peine de rassembler des preuves de sa puissance au Ciel, que de rendre hommage à la réalité de ses incontestables mérites. C'est faire acte de justice et de reconnaissance de le confesser, sans qu'il soit besoin d'aller jusqu'à parler de canonisation et de la proposer elle-même au culte public.

Son souvenir vivra, il n'est pas permis d'en douter, et il n'est pas même téméraire d'ajouter qu'elle ne cessera pas de secourir ses filles, aussi longtemps qu'elles ne cesseront pas de l'invoquer. Le bien qu'elle a fait ne peut pas ne pas se continuer, parce que ses enseignements et ses exemples ne sont pas de ceux qu'on enferme au tombeau de l'oubli. Il est vrai qu'elle parut toute sa vie avoir pour première ambition de se dérober aux regards du monde; elle n'en a que plus sûrement doté sa mémoire d'un éclat imprévu et qu'elle n'aurait jamais connu, si elle n'eût mis tant de soin à s'y soustraire.

Il n'est pas question d'écrire sa vie : c'est là

une mission que nous n'avons point la préten-
tion de nous donner, malgré l'intérêt et le
charme qu'il y aurait à le faire. Mais, outre
que les calmes loisirs nécessaires à un long
travail nous manquent, nous n'avons pas entre
les mains, les documents indispensables pour
mener à bien une pareille tâche. Tâche lourde
et délicate, toute pleine de difficultés. Nul ne
saurait le sentir plus vivement. Mais nul non
plus ne saurait concevoir à quel point il peut
être tentant, quand on arrive à un âge où les
années se comptent, et où l'on aime à vivre ce
qui est le passé — déjà ! — de laisser, avant de
partir, aux personnes, parmi lesquelles on a
vécu, les meilleurs peut-être, et certainement
les jours les plus faciles de sa vie d'apôtre, et
à toutes celles qui viendront, après elles, se
pencher sur le même sillon, le recueil d'ailleurs
très imparfait de ces œuvres et de ces qualités
qu'elles n'oublieront jamais.

Est-il ambition plus naturelle et désir plus
légitime ? De même que dans la société des
corps, il y a le foyer, ainsi dans l'Eglise, société
des âmes, il y a la famille religieuse qui rattache plus étroitement entre elles et à Dieu les
âmes vouées à la perfection. Si, dans la famille
naturelle, on garde le culte des ancêtres et, si
les enfants recueillent avec un soin jaloux les
traditions de travail et d'honneur laissées par
eux, afin de les transmettre aux générations

suivantes, il est bon aussi, dans la famille religieuse, de glorifier quels que soient leur rang et leur condition, les âmes dévouées au bien et, parmi elles, celles surtout qui se sont dépensées sans compter à l'instruction chrétienne de l'enfance.

Voilà tout le secret de ces notes biographiques. Elles n'ont pas d'autre but que de prêter un modeste appui à la mémoire du cœur et de veiller, comme une tremblante lueur de sanctuaire, à ce qu'une insigne bienfaitrice du jeune âge ne soit pas enveloppée dans la conspiration d'un silence universel et condamnée à disparaître tout entière, ensevelie dans un cimetière de campagne, et prématurément oubliée sous son tertre de gazon.

Que les religieuses de la *Sainte-Famille*, et avec elles les innombrables femmes et jeunes filles qui doivent à la révérende mère Maria le bienfait d'une éducation chrétienne, entendent longtemps, qu'elles entendent toujours la pressante recommandation de Saint-Paul : « Souvenez-vous de celles qui furent placées à votre tête et qui vous ont procuré les enseignements de Dieu. Considérez leur vie, considérez leur mort, et imitez leur fidélité ».

II

L'Enfance

La révérende mère Maria Legrand, successi·
vement maîtresse de classe à Boisleux-au-Mont,
Doullens et Amiens, puis secrétaire, conseillère et supérieure générale de la *Sainte-Famille*,
vint au monde le 16 février 1858, à la Gorgue
(Nord).

Dès le lendemain de sa naissance, elle reçut
au Baptême le nom prédestiné de *Maria* qu'elle
devait honorer par sa piété et par son zèle.
Rien n'arrive en ce monde par hasard, — ce
mot est vide de sens, — tout y est conduit par
la main d'une Providence tellement attentive
aux besoins de chacun, que, pour emprunter le
langage de l'Evangile, « les cheveux de notre
tête sont comptés, et que pas un passereau ne
tombe à terre sans la permission du Père qui

est aux cieux ». Aussi ce ne fut pas sans un dessein particulier de Dieu, ainsi que nous l'avons déjà vu, que le nom de la sainte Vierge fut donné à l'enfant que sa céleste patronne devait prendre si visiblement sous sa protection.

Un autre bienfait de sa vie fut d'avoir sa place marquée à un foyer chrétien, où régnait, avec l'union des cœurs, cette *médiocrité dorée*, si enviée des anciens. Elle trouva là une sœur aînée, douce et modeste au déclin de l'âge comme dans ses premières années, n'ayant connu de la vie que la prière, l'édification et le dévouement. Elle y trouva également un frère plus âgé, qui est religieux lui-même et vénéré à juste titre par toute la *Sainte-Famille* comme l'un de ses plus insignes bienfaiteurs. Un autre frère, plus jeune celui-là, devait hériter du patrimoine qu'il cultive encore, et en même temps des vertus domestiques propres à former, de concert avec une épouse digne de lui, de nombreux enfants au travail, à l'ordre, à l'économie et à cette piété forte et généreuse qui a toujours distingué la famille Legrand.

La mère — « une toute petite femme, grande comme rien du tout, » — dira un jour la supérieure générale », mais quelle tête et quel cœur ! » — la mère fut la première à écrire, sur la page blanche de l'âme de sa fille, purifiée par le Baptême, les caractères de foi et d'amour de Dieu, que le temps, loin d'effacer, fit ressortir davantage. Elle était de ces chrétiennes qui n'estiment jamais mettre trop d'empressement à présenter leurs enfants aux bénédictions divines, comme autrefois les femmes de Palestine ; et s'était un bonheur pour elle, de conduire les siens à l'église, chez le bon Dieu, tout simplement, pour causer un instant avec Lui, dans cette gravité de respect et de confiance qui ne se rencontrent que chez les vrais croyants. Du doigt elle leur montrait le Tabernacle en leur murmurant à l'oreille de ces mots que nul n'a jamais entendus, mais qui tenaient les petits un moment rêveurs devant des réalités dont on leur parlait souvent, sans qu'ils pussent jamais les apercevoir. Elle ne se retirait jamais sans s'être arrêtée devant l'autel de la sainte Vierge pour une brève salutation, et cette initiation maternelle ouvrait les lèvres à la prière et mettait dans le cœur comme l'instinct d'une religion profonde et ineffaçable.

Au don d'une telle mère, le ciel ajouta une libéralité plus rare encore : un père qui était un homme de bien par excellence, un chrétien de race, trempé dans la foi jusqu'aux moëlles. Défendre les intérêts de Dieu et du bien dans le cœur de ses enfants, leur donner Dieu même, avec le savoir et la vérité, les nourrir de bons conseils et de bons exemples c'est la fonction capitale de tout père de famille, qui tient à ne pas comprimer leurs plus riches tendances natives. Mais pour donner de Dieu qui renferme tout bien, il faut le posséder soi-même, il faut le connaître, l'aimer et le servir, comme l'aimait et le servait l'honorable cultivateur de La Gorgue. Aussi exerça-t-il sur le cœur de ses enfants une action qui retentit dans toute leur vie et ne fut étrangère ni à leur vocation, ni à leur avenir. Il cultivait leur esprit et leur cœur avec l'autorité d'un maître, la tendresse d'un père, la dignité d'un prêtre, et, sous cette triple influence, ils s'imbibèrent tous, presque à leur insu, de cette foi vive et de ce zèle ardent qui continueront de se développer avec le temps et rempliront leur vie entière.

Les premières années de la petite Maria s'écoulèrent dans ce milieu béni, avec le charme que l'innocence et la piété ajoutent encore aux charmes de l'enfance. Elle grandissait rapidement du reste, même en grâce extérieure ; elle était l'orgueil de son père, la joie de sa mère. Eveillée et affectueuse, d'un caractère aimable et enjoué, espiègle à ses heures, elle avait reçu le don d'attirer les cœurs, et son père et sa mère subissaient ce charme secret et s'y livraient sans résistance. Mais leur amour ne dégénérait pas en faiblesse et leur affection n'excluait ni la vigilance, ni la fermeté. — « On nous élevait, remarque la sœur aînée, dans le travail et l'obéissance. » C'était nécessaire. Il ne faudrait pas croire, en effet, que le péché originel n'ait pas touché de son aile néfaste cette belle âme d'enfant. Elle avait ses caprices, ses exigences, son petit, ou plutôt son grand air autoritaire, que la lutte contre elle-même, aidée de la grâce, a seule assoupli. Dans ses leçons à la jeunesse, elle rappellera plus d'une fois ce souvenir, le sourire aux lèvres : « Quand j'avais votre âge, j'étais vive, raide, impérieuse ; j'ai appris depuis à mes dépens combien il fallait en rabattre ! »Elle garda même longtemps, pour ne pas dire toujours, cet air altier que tempérait bientôt un sourire très doux, et souvent teinté de quelque mélancolie, mais qui serait facilement devenu de la hauteur et de la domination, si la vigilance ne l'avait transformé en amabilité. Sa sœur, « d'un caractère plus faible et plus réservé », n'a pas oublié les vivacités primesautières et les malicieuses exigences de « la petite Maria ». Son esprit de décision surtout la ravissait d'admiration, et elle ne tarda guère à lui ouvrir son cœur comme à un conquérant : elle fit d'elle sa plus sûre amie, auprès de laquelle il lui était doux de chercher un appui pour son insurmontable timidité. De son côté, la plus jeune n'était pas sans remarquer la douceur de son aînée ; et telle est la force du bon exemple, que peu à peu ses caprices enfantins s'espacèrent, et finirent par être noyés dans une telle bonté de cœur et dans une si joyeuse serviabilité que, s'ils reparaissaient de temps à autre, on les avait vite oubliés.

Une pensée, plus capable que toute autre considération d'armer contre elle-même et contre les défauts qu'on ne manquait pas de lui signaler toute son énergie d'enfant, n'allait pas tarder à s'imposer à son attention, c'était la pensée de sa première communion prochaine. A en entendre souvent redire la haute importance, elle comprit vaguement d'abord, puis plus parfaitement, de quel poids la première rencontre avec Dieu pèse dans la destinée, soit pour la vie présente, soit pour la vie future. On ne peut pas douter qu'elle ne s'y soit préparée avec ferveur, et qu'elle n'ait apporté à ce grand acte une maturité qu'on ne rencontre pas toujours dans un âge aussi tendre. Elle avait onze ans, et, suivant les trop rares et trop courts témoignages qui nous sont parvenus, on la voyait de plus en plus réfléchie, peu ou point préoccupée des frivoles objets de sa toilette, et adonnée à des prières plus fréquentes ou plus longues, dont elle réservait la plus large part à son auguste Patronne. Dieu seul a pu connaître toute la pureté de conscience, toute la générosité, tout l'amour et toutes les courageuses résolutions que la communiante apporta à la Table sainte. Mais rien ne nous interdit de nous la représenter si pleine de calme, de modestie et de piété dans son maintien, si entièrement pénétrée de l'onction de la grâce épanouie sur les traits de son visage, qu'elle en parut toute transformée.

De cette transformation nous trouvons l'assurance dans une confidence de sa sœur : « Maria, dit-elle, était devenue sensiblement plus posée et plus pieuse ». Ce simple aveu vaut d'être noté, car s'il n'autorise personne à supposer que chacun des assistants, dans son admiration, ait vu, ce jour-là, le 23 mai 1869, un ange en adoration au pied des autels, il laisse tout au moins deviner par quels efforts et quels sacrifices une nature aussi vive commençait à s'assouplir. Il est possible, évidemment, qu'un tel résultat soit l'œuvre du temps et des années qui amènent le sérieux ; mais, il est plus encore, dans une enfant chrétienne et bien élevée, qui se prépare avec soin à sa première communion, l'œuvre de Dieu, qui rend victorieuse la lutte contre les défauts, inséparables de l'âge. Nous n'hésitons donc pas à dire que Maria était recueillie à l'église autant qu'assidue aux offices et à la prière, qu'elle avait l'horreur instinctive du mal, et qu'elle goûtait vraiment les premières et délicieuses saveurs de la saine dévotion, si naturelle à tout cœur jeune et pur qui s'entr'ouvre comme un lis, sous les souffles divins de la grâce.

Le désir d'être toute à Dieu lui fut-il communiqué en ce beau jour, comme il est arrivé pour tant d'autres âmes privilégiées ? Peut-être ; mais rien n'en établit la certitude. Tout ce que l'on sait, c'est que, pendant les cinquante-cinq années qui suivirent la grande solennité, pas un moment la joie de se sentir à Dieu ne lui fut ravie. Au cours des quarante-sept années de sa vie religieuse, elle reviendra presque chaque jour au banquet sacré du bon Maître, qui réjouit son enfance, puiser des forces et des grâces nouvelles. Presque chaque matin, en présence de ces longues journées qui lui apportaient leur fardeau, souvent si lourd de soucis et de labeurs, elle viendra aimanter son âme au sang de Jésus-Christ, et redire avec le ministre de l'autel : « Mon âme, pourquoi es-tu triste et pourquoi te troubles-tu ? » Et elle entendra une voix aimée lui répondre : « Espère en Dieu, il sera ton soutien et le salut de ton visage ».

Puis, plus tard, lorsque le faix du travail et le torrent de l'épreuve, plutôt que les défaillances de l'âge, auront sillonné son front, le Dieu qui s'était reposé sur ses lèvres vermeilles, pour l'aider à vivre, voudra se reposer encore sur ses lèvres flétries et dans son cœur, son pauvre cœur angoissé, pour l'aider à mourir. Nous ne l'avons pas vue, à onze ans, recevoir son Dieu pour la première fois, mais nous

l'avons vue le recevoir cent fois de nos mains
indignes sur son lit d'interminables souffrances, et ce ne fut jamais sans songer, édifié
et attendri, que ces dernières communions
n'étaient que l'écho lointain de la première.
Elle ne devait les cesser sur la terre, que pour
commencer subitement l'extatique communion
du ciel.

III

La Vocation

Dès l'âge de six ans, Maria Legrand allait en classe chez les religieuses de la *Sainte-Famille* de Laventie. On s'y aperçut tout de suite qu'elle était fine et éveillée, et qu'elle apprendrait avec goût et facilité. Elle aimerait même à s'instruire, à en juger par cette ardeur un peu excessive, qu'à certaines heures, elle apportait d'abord à l'étude, et qu'elle se reprochera toute sa vie, défaut de tempérament que Dieu lui laissa pour l'humilier et l'exercer à la patience, et contre lequel elle dirigea constamment ses efforts et ses résolutions. C'était son grand défaut et il lui arriva plus d'une fois d'en être réprimandée. Mais les reproches ne servaient guère qu'à faire paraître sa vertu naissante, car elle cherchait si peu à se justifier, et elle acceptait au contraire les observations avec tant de candeur, qu'on était réellement édifié de son silence et de sa modestie. Ses compagnes, plus grandes qu'elle pour la plupart, recherchaient avec empressement sa société pendant la récréation, où rien alors ne l'empêchait de donner libre carrière à sa fougue naturelle, et elle prenait sa large part des différents jeux avec une franche gaieté et un entrain qu'elle s'entendait à merveille à communiquer autour d'elle.

Quelquefois pourtant je ne sais quel attrait pour la solitude la tenait quelques minutes à l'écart, ou l'isolait soit dans un coin de la cour, soit dans une salle, et il n'était pas rare de la surprendre alors grave et comme perdue dans la réflexion. A quoi songeait-elle ? A Dieu peut-être ou à l'avenir ? ou simplement au mal, dont elle commençait à ressentir les premières atteintes, et qui l'empêcha vers sa douzième année, de fréquenter régulièrement l'école ?

Elle souffrait de douleurs diffuses, tantôt dans les bras, tantôt dans les jambes, et la souffrance l'obligeait à des absences répétées. Au début elle n'était jamais bien longtemps sans reparaître, souriante et alerte encore, bien qu'un peu pâlie. Elle ne se plaignait jamais. C'était sa manière de manifester cette énergie naissante de la volonté, qui sera pour elle la source de tant de vertus et de mérites.

Chaque semaine cependant la maladie traçait son sillon de plus en plus profond. Plus d'illusion possible. Il y avait là plus qu'une crise de croissance ; et les rhumatismes pour s'en rapporter à ce diagnostic, localisés maintenant dans les deux jambes, accusaient de jour en jour plus de gravité. Maria avait à peine quinze ans, qu'elle ne pouvait plus marcher qu'à l'aide de deux béquilles ou d'un bras protecteur ; encore n'était-ce pas sans beaucoup de peine. L'art et la science ne lui procurèrent aucune amélioration. Elle tomba dans un tel état de langueur, qu'elle ne trouvait plus qu'un soulagement passager dans les soins les plus attentifs et les plus dévoués.

Inquiète d'abord, puis désolée, la famille dans toute la sincérité de sa foi chrétienne, se tourna vers le Ciel et mit sa confiance en Notre-Dame de Lourdes. La prière se fit incessante ; les neuvaines succédèrent aux neuvaines, auxquelles vint s'ajouter le vœu par les pieux parents de bâtir une petite chapelle en l'honneur de la Vierge Immaculée si leur enfant guérissait.

On sait déjà comment cette grande faveur leur fut accordée, le Dimanche 13 septembre, en la fête du saint nom de Marie. Le samedi soir, en se couchant, la jeune malade laissa involontairement glisser ses béquilles qui tombèrent à terre. « Oh ! pensa-t-elle en elle-même, si la

sainte Vierge permettait donc que je n'en aie
plus besoin ! » Le lendemain, en se levant, elle
reçut l'inspiration de mettre ses bottines,
qu'elle n'avait plus mises depuis plusieurs
mois, à cause de l'énorme enflure des pieds. Et
voici, ô prodige ! que l'enflure diminue à vue
d'œil et qu'elle disparaît, à mesure que les
pieds entrent dans les chaussures. Est-ce
bien vrai ? N'est-ce pas plutôt un rêve ?
Est-elle réellement éveillée ?... Ces pensées,
et bien d'autres semblables, lui traversent
l'esprit comme un éclair. Mais elle se rend
compte, en même temps, que les jambes, reve-
nues à l'état normal, ont repris toute leur souplesse et une certaine force. Elle se dresse,
elle appuie sur un pied, puis sur l'autre, elle
marche sans difficulté, et elle va se jeter dans
les bras de sa mère, dont la surprise n'est pas
moins vive que la joie. Madame Legrand, était
à ce moment-là, seule avec sa fille; les autres
membres de la famille étaient allés au bourg
pour assister à la première messe du matin.
Nouvelle surprise, et nouvelle joie à leur
leur retour! Le père, heureux d'un bonheur
indicible, ne peut en contenir l'élan, et il court
annoncer la grande grâce à sa vieille mère qui
habitait à vingt minutes de là.

Presque aussitôt le bruit de la guérison cir-
cule de maison en maison, et toute la popula-
tion ne voit pas sans émotion, arriver à pied, à

l'heure de la grand'messe, l'aimable jeune fille, qui n'y venait plus qu'en voiture et rarement. Sa présence inespérée apparaît aux yeux de tous comme la confirmation la plus éclatante de l'intervention divine.

Il fut aisé de se convaincre, pendant les mois qui suivirent, que la souffrance avait mûri prématurément la jeune protégée de Notre-Dame. On murmurait, au pays, qu'elle n'occuperait plus longtemps sa place au foyer, dont tout le monde la savait la joie et la consolation. La réserve de ses manières et la charité de son langage laissaient deviner l'engagement qu'elle avait pris de quitter le monde et le pacte qu'elle avait passé avec Dieu, pour se consacrer à Lui dans un ordre religieux. C'était, en effet, entre Notre-Seigneur et sa petite servante, une convention décisive. Le secret d'ailleurs n'en fut gardé que peu de temps, et le moment de le révéler à ses parents arriva très vite pour l'aspirante, impatiente de tenir au plus tôt ce qu'elle regardait comme un engagement sacré. « Oh ! il lui en coûtait de partir, de laisser son père et sa mère, ses frères et sa sœur ! Mais pouvait-elle différer à montrer sa reconnaissance en répondant à l'appel du Seigneur, dont elle avait si clairement entendu la voix ? On ne se trompe pas à de pareils accents : « Si quelqu'un aime son père et sa mère plus que moi, il n'est pas digne de moi ! » Elle fit donc ses confidences à son frère aîné, et le pria, pour avoir plus de chances de réussir, d'intercéder pour elle auprès de ses parents et de leur demander, à sa place, la permission de les quitter.   .

Ce jour-là, il y eut des larmes, larmes sans reproches et sans amertume. Mais, pour être prévue, l'intention qu'elle manifestait n'en causait que plus d'appréhension. « Qu'elle soit résolue à se faire religieuse, rien n'est plus naturel et plus légitime, et ce n'est ni son père, ni sa mère qui se permettront d'entraver son dessein. Mais elle est bien jeune, à peine dix-sept ans ! et sa santé qui paraît, du reste parfaitement remise, est-elle bien à l'abri d'un retour de la perfide maladie ? Et puis, toute vocation n'est sérieuse qu'autant qu'elle est éprouvée !.... Qu'elle prenne donc patience, et si le temps démontre qu'elle est vraiment l'élue de Dieu, ses parents seront les premiers à lui conseiller de répondre à l'appel divin.

Ces sages conseils ne prirent jamais le caractère d'une plainte, même indirecte. Au sort aussi heureux que possible que monsieur et madame Legrand auraient désiré faire, auprès d'eux, à leur chère fille, ils ne s'étonnaient pas qu'elle préférât la glorieuse condition, où Dieu lui-même serait son partage et sa félicité. On en eut bientôt la preuve : leur consentement suivit de près les observations qu'ils avaient cru de leur devoir de présenter ; et leur tendresse, unie à leur foi chrétienne, eut le rare mérite d'une offrande généreuse et irrévocable. Dans une circonstance si pénible à la nature, ils tiraient leur force de la claire persuasion que leur enfant serait l'ange tutélaire de la famille, dont elle servirait mieux les intérêts dans la vie religieuse que dans toute autre situation. Leur confiance fut bénie.

Maria Legrand entra à la *Sainte-Famille* d'Amiens le 13 septembre 1875, un an, jour pour jour, après sa guérison.

Ses traits, que la maladie avait naguère profondément altérés, avaient retrouvé toute la fraîcheur de son âge. Elle n'était même pas sans agréments extérieurs. A son arrivée, chacune dans la communauté admirait sa haute taille, la régularité de son visage, la noblesse de sa démarche, la profondeur de son regard, la grâce de sa personne. La sérénité et la bienveillance de son âme se reflétaient sur son visage et lui conciliaient d'avance toutes les sympathies. Restée dans le monde elle n'eût certainement pas manqué d'hommages, mais ignorante de toute vaine gloire, elle n'avait qu'une préoccupation constante, celle de diriger son cœur vers le bien et sa volonté vers le sacrifice d'elle-même. De plus en plus adonnée à la pitié, elle avait acquis pendant les longs jours de la maladie, l'habitude de la présence de Dieu ; et la souffrance, cette grande institutrice de la vie, lui avait fait de bonne heure une âme méditative, où elle se réfugia bien souvent par la suite, comme dans un asile assuré, aux heures d'épreuves et de difficultés.

La souffrance lui valut encore un autre bienfait non moins estimable, et ce fut de juger à leur juste prix les joies et les prospérités trompeuses de la vie, qui lui apparurent toujours pleines de fatigues, de déceptions et de dangers. Ses idées étaient si arrêtées à ce sujet, que, même avec le désir et la certitude d'y faire quelque bien, la fréquentation du monde lui eût été insupportable. Aussi, en se vouant à la vie religieuse dans une congrégation enseignante, elle ne se proposait rien moins que de travailler de toutes ses forces à étendre le royaume de Dieu et à fortifier son règne dans l'âme des enfants, désormais son premier amour, après le Maître divin qu'elle venait de choisir pour époux.

La transition de la vie de famille à la vie de communauté ne paraît pas avoir été pour elle un brusque changement. On eût supposé plutôt que des années de fervente et studieuse régularité l'y avaient préparée. Ce fut comme une ascension vers une atmosphère plus élevée, plus ouverte sur le Ciel, et plus en rapport avec toutes ses aspirations. Elle avançait évidemment dans sa voie. Non seulement il ne lui vint jamais le moindre doute sur son élection à la vie religieuse, mais elle ne vit jamais, comme tant d'autres, deux chemins possibles s'ouvrir devant elle. A partir du moment où elle se reconnut appelée à la grande œuvre de l'éducation, elle eut constamment les yeux fixés sur sa mission, et elle marcha droit au but, comme par une voie lactée de lumière, de charité et de dévouement à la cause de l'enfance, sans la plus légère perplexité, et sans même pouvoir admettre dans son esprit l'idée d'une autre vocation.

IV

Le Noviciat

En ce temps-là, 1875, la *Sainte-Famille* d'Amiens était la grande congrégation enseignante de la Picardie et de toute la région du Nord. Par son renom, ses succès, son influence, elle n'était pas seulement un nom ou une enseigne : elle vivait avec sa physionomie originale, où s'accusaient ses traits de forte piété, de savoir reconnu, de franche simplicité, et de travail intense et mené jusqu'aux extrêmes limites, pour l'honneur de Dieu, la défense de l'Eglise et l'amour des âmes. Elle n'en était plus à sa première floraison ; elle n'était pas à sa dernière. Elle était seulement en plein épanouissement. C'était le temps du labeur joyeux, du labeur toujours renaissant, tou-

jours bourdonnant à travers les ruches fécondes qu'étaient ses trois cents établissements,
où ses mille institutrices se dépensaient à
l'envi les unes des autres. De toutes ces écoles,
les unes, très humbles, les autres, presque lu-
xueuses, toutes prospères et peuplées à l'excès,
il sortait, je ne sais quelle chaude atmosphère, où chaque religieuse se sentait plus
vivre pour les grandes idées et les quotidien-
nes immolations. De son côté, l'Institut se
protégeait lui-même par la vertu de ses membres, et ne méritait pas moins de l'enseignement chrétien que les établissements placés
sur un théâtre plus en vue, et d'où leur voix
retentissait plus haut, mais non plus loin.

C'est dans cet Institut que mademoiselle
Legrand entra à pleines voiles. Elle y fut
accueillie avec empressement. Quant à la joie
de la nouvelle postulante, encore tout émue des
pleurs que son départ avait fait couler, elle se
transforma tout de suite en une sorte de ra-
vissement. Tout la charmait, le lieu, les personnes, les choses. Elle avait souvent entendu
parler de la maison-mère d'Amiens, mais elle
n'en avait jamais été l'hôte, même d'un jour,
et n'avait jamais pu la considérer dans sa
grandeur, ni la goûter dans ses détails. Elle y
fut aussitôt attachée par le fond des entrailles.
Heureux les peuples qui n'ont pas d'histoire !
La *Sainte-Famille* jouissait de ce bonheur, sans

autre loi que les constitutions données par sa
vénérable Fondatrice, sans autre lien que ceux
de la charité la plus étroite et de la plus
confiante obéissance. Maria n'en cherchait pas
davantage. L'existence obscure et monotone
du couvent convenait à sa nature réfléchie; elle
y nageait comme dans son élément, et découvrait mieux chaque jour, qu'à moins d'y passer sa jeunesse, il n'est pas possible de soupçonner ce qu'il y a de bon, de maternel, de
souverainement doux dans la formation religieuse. C'était bien ainsi qu'elle l'avait rêvée,
forte et tendre pépinière, à la terre meilleure
et plus fertile même que le sol familial, où les
sucs sont moins riches et moins féconds, et
l'air plus amollissant et moins favorable aux
plantes vierges et vigoureuses.

Elle fut appelée à prendre l'habit le 19 mars
1876, en la fête de saint Joseph, et commença
son noviciat le même jour. Elle avait préalablement demandé que lui fût conservé son nom
de *Maria,* en souvenir de son Baptême, et surtout de l'exceptionnelle marque de bonté, dont
elle gardait à sa divine Mère une reconnaissance sans bornes.

L'année d'expériments, qui ordinairement se
passe dans l'obscurité et le silence, a une
importance capitale. C'est pendant cette année-
là que les aspirantes se forment, tant à l'extérieur qu'à l'intérieur, à l'esprit et aux usages

de la congrégation. Souvent aussi, c'est pendant le même temps que Dieu se plaît à verser dans les âmes des grâces de choix.

Le noviciat était nombreux alors. Il s'y trouvait de toutes jeunes filles, presque des enfants, comme elle-même ; il s'en trouvait d'autres d'un âge plus mûr, et dont quelques-unes avaient déjà acquis une certaine expérience dans la famille ou dans l'enseignement. Or, les unes et les autres remarquaient avec édification la piété grave et la régularité constante de sœur Maria. Pour elle, on ne la vit jamais préférer la société des unes plutôt que des autres. Elle se mêlait à toutes indistinctement, comme elle s'intéressait à toutes. Mais ce qui frappait le plus en elle, c'était le sérieux du caractère. Tout, dans sa personne et sa conversation, respirait la gravité et la possession d'elle-même. Dans la part qu'elle prenait à tous les exercices, elle se portait vers les plus humbles avec une joie et un empressement visibles. Pour manier le balai ou l'époussette, porter l'eau, dresser la table, nettoyer, ranger, se livrer à tous les soins du ménage, elle n'avait pas sa pareille. Encore trouvait-elle le moyen très souvent de se mettre en avance, et de venir en aide à des compagnes moins fortes ou moins actives. C'était plaisir de la suivre, au son de la cloche, la première en tête de tous les mouvements. Tout ce qu'elle

faisait, elle le faisait avec une agilité et une
bonne humeur entraînantes, toujours droite,
toujours silencieuse, toujours décidée et rude
à la besogne.

Il n'y avait qu'à la récréation qu'elle se montrait beaucoup plus réservée ; elle en faisait
rarement les frais ; mais, quand elle s'y mettait, c'était avec un à-propos et une gaieté qui
animaient tout le monde. Il suffisait à plus
d'une de l'approcher pour retrouver le contentement. On savait qu'elle était là pour un bon
coup de main à l'occasion, toujours pour une
bonne parole, un bon conseil, prête à rendre
n'importe quel service. « Que nous aimions à
nous grouper autour d'elle, dit une de ses
sœurs, moins pour l'écouter que pour l'approcher ! Ce que ses paroles ne nous disaient pas,
son regard, sa physionomie, son attitude nous
le faisaient comprendre si clairement, que nous
lui donnions notre confiance, sans crainte ni
effort. Rien qu'à la rencontrer et à passer
auprès d'elle dans les corridors aux heures de
silence, nous ressentirons, à la dignité de sa
démarche, comme une impression de respect ».

Pendant les mêmes jours, si heureux et si
remplis du noviciat, se faisait un travail de
plus grande importance, le travail du perfec-
tionnement qui n'occupe pas seulement tous
les moments de la future religieuse, mais qui
imprime une direction jusqu'à ses pensées. La

vie extérieure, la nature des exercices, l'heure de les faire, la règle prescrit tout cela ; mais c'est l'esprit de la règle qui assigne une idée et une intention générale à suivre. La règle, c'est l'extérieur, c'est le corps ; l'esprit de la règle, c'est l'intérieur, c'est l'âme des exercices.

Il n'y a que les fondateurs d'ordre, après Dieu, qui aient osé pénétrer si avant dans le domaine de la liberté humaine. Commander, non pas seulement l'emploi des instants et déterminer, heure par heure, ce qu'il faudra faire, mais s'insinuer jusque dans les intimités les plus secrètes de l'âme et lui dire : « Voici ce que tu auras à penser dans telle et telle action ; voici le but que tu auras à te proposer dans telle et telle circonstance ; tu n'auras pas une minute du jour, pas une minute de la nuit, la disposition volontaire de toi-même ni de ton existence ! » Quelle chaîne ! quelle servitude ! ou plutôt quelle liberté ! Seul, le soldat, longuement exercé, réussit presque instinctivement les manœuvres les plus savantes et les plus compliquées ; seuls les religieux, rompus à leur règle et soumis à l'esprit de leur règle, entrent bientôt dans une voie de sécurité, de paix et de renoncement, qui les aide merveilleusement à accomplir, sans effort trop pénible, les obligations de leur état.

La novice qu'était sœur Maria n'était pas de celles qui marchandent avec le devoir. Sans attendre un jour, ni une heure, elle se mit à suivre la voie qui s'ouvrait devant elle avec une volonté ferme et un coup d'œil des plus justes et des plus sûrs. Le but de la Société, l'universalité de ses œuvres, le détail des exercices préparatoires à sa sainte mission, rien ne lui échappa. Grâce à son imagination modérée et parfaitement contenue, elle ne s'égara point en vagues aspirations. Esprit essentiellement pratique, elle avait, à vingt ans, cette sorte de prescience, qui est un des plus beaux dons de l'intelligence, que la vie consiste dans les actes et dans le ponctuel accomplissement de toutes ces petites choses, que le vulgaire dédaigne comme d'enfantines minuties ; qu'en fait de vertu, le sentiment doit compter pour peu, et que, pour reconnaître si l'on aime Dieu et si l'on fait du bien, il faut regarder moins aux palpitations de son cœur qu'à l'ouvrage de ses mains. Aussi ne laissait-elle rien à l'humeur, rien à l'incertitude, rien au faux hasard. Elle agissait, très attentive à se conformer aux instructions données; puis, une fois la théorie bien « logée en la pochette de sa mémoire », elle traduisait, dans les actes de sa vie quotidienne les enseignements reçus. Son courage était tel, qu'elle en arriva, au bout de quelques mois, à n'avoir plus, pour ainsi dire, aucune véritable peine à se maintenir dans l'ordre et la soumission.

Un défaut cependant lui coûta davantage, et exigea de sa part des efforts ininterrompus jusqu'au dernier jour. Vive comme elle l'était, il lui fallait une surveillance continuelle sur ses mouvements pour les réprimer et les plier à la plus stricte obéissance. Mais sa volonté généreuse finit par triompher de tous les obstacles, et on put, dès lors, rencontrer en elle tous les signes de la plus régulière et de la plus parfaite religieuse.

Une telle novice ne pouvait être retardée pour sa profession. Elle y fut admise le 7 avril 1878. Mais avant que ne vînt la date de la Cérémonie, elle se sentit tellement pénétrée de son indignité et de la grandeur de l'état religieux, que le scrupule l'envahit, et qu'elle eût probablement sollicité un délai, si les supérieures ne l'avaient rassurée.

Fille d'obéissance avant tout, elle alla, confiante et joyeuse, à l'autel, où elle s'offrit complètement en sacrifice, et l'on peut croire que Dieu la combla, en retour, de grâces et de consolations. C'est, du moins, le souvenir qu'elle a laissé dans l'esprit des sœurs, qui eurent le bonheur de la voir et de l'accompagner en ce grand jour.

V

L'Enseignement

Les meilleurs serviteurs de la jeunesse sont, sans contredit, ceux qui aiment le plus, car ce sont ceux-là surtout qui ont le don de persuader aux enfants de vouloir le bien et de le faire.

Que pour rendre bons les enfants, il soit nécessaire de les aimer, sœur Maria en était convaincue comme d'instinct. Elle leur appartint tout entière. Les quinze premières années de sa vie religieuse la virent successivement maîtresse de classe à Boisleux-au-Mont, où elle ne fit que passer, (avril-septembre 1878), puis à Doullens, où elle resta huit ans, (1878-1886) puis à Amiens où elle enseigna, en premier lieu, au pensionnat, (1886-1888) en second lieu, au noviciat, (1888-1893).

Elle parut partout ce qu'elle était, religieuse vivante, institutrice accomplie. Quand elle écrira plus tard, touchée déjà par le doigt implacable de la maladie : « Soyez bonnes ;... soyez patientes;... soyez dévouées !... » cette formule ne sera que le résumé de toutes ses notes et circulaires, et l'expression attiédie des nobles sentiments de son âme.

Les sœurs qui l'ont considérée de plus près, pour avoir vécu avec elle dans les différents postes où son zèle eut à s'exercer, sont unanimes à le proclamer. Les témoignages qu'elles en ont donnés par écrit, bien que trop peu nombreux, sont animés et comme pris sur le vif. Il y a de l'émotion dans leurs quelques pages, et c'est ce qui en fait l'intérêt et le charme. La révérende mère Maria y revit, telle qu'elles l'ont entendue.

« J'ai eu l'avantage de vivre pendant plusieurs années auprès d'elle. Elle faisait alors la première classe au pensionnat de Doullens. Jeune à cette époque, elle avait déjà toutes les qualités qui font la bonne institutrice. Je fus à même de profiter de ses exemples et de ses conseils ».

Ses exemples et ses conseils ! Les uns portaient loin, parce que les autres venaient de haut. Elle avait appris, aux clartés de sa foi, qu'il y a deux façons de traiter les enfants, lorsqu'on se charge de les élever. La première,

c'est de s'ériger soi-même en exemplaire vivant
sur lequel les autres devront se former. On a
ses humeurs, ses goûts, ses inclinations, on
les impose aux petits êtres qui vous entourent ;
et parce qu'on est la loi, parce qu'on a le pouvoir et même un peu la force, il se peut,
qu'extérieurement au moins, on obtienne une
uniformité passive, qui, à un œil facilement
trompé, semble le fruit d'une parfaite éducation. Illusion mensongère ! Un pareil système
est des plus faciles ; c'est celui qui exige le
moins d'efforts ; mais si les apparences
flattent l'amour-propre, les résultats en sont
nuls.

Il est une autre méthode, la méthode chrétienne, la seule que consentît à employer la
jeune religieuse. Quel soin elle apportait à
étudier les divers caractères, à apprécier le
mérite, à saisir les tendances générales, pour
s'en servir dans la suite comme d'un moyen
d'émulation, et s'assouplir elle-même à chaque
nature, afin de guider plus sûrement les bons
instincts et de réprimer les mauvais ! C'est la
bonne besogne celle-là, qui implique la
patience, la mansuétude, l'oubli de soi, le
sacrifice. Mais, à ce prix, que n'obtient-on pas
des jeunes âmes, lorsqu'on les pousse à
l'accomplissement du devoir ? Sœur Maria
excellait dans cet art délicat. Très haute par
elle-même, elle descendait comme sans effort

pour se proportionner à chaque esprit d'enfant, bonne avec toutes, plus douce et plus tendre avec l'une, plus exigeante et, au besoin, plus inflexible avec l'autre, stimulant celle-ci, calmant celle-là ; ici elle lâchait la bride à la sensibilité ou à l'imagination ; ailleurs elle les soumettait à un joug plus serré, dans le but de ne développer que la raison et la volonté. Mais comme elle les aimait toutes indistinctement, et les grandes, un peu moins âgées que leur maîtresse, et si pleines de respect à son égard, qu'elles ne l'abordaient qu'avec une extrême déférence et qu'on ne les entendit jamais prononcer la moindre parole contre elle ; et les petites, à qui elle allait de préférence, avec une tendresse que rien ne fatiguait et qui lui gagnait les cœurs !

Bonne sans faiblesse, aimante sans caprice, énergique, sans rudesse, elle se pliait aux nécessités de toutes et à l'indigence de chacune, avec une souplesse inlassable et une variété de moyens que ses collègues se prirent plus d'une fois à envier. Elle était attentive à prévenir les manquements ; mais quand une faute notable avait été commise, elle n'en exigeait la réparation qu'avec plus de rigueur. Il prit un jour fantaisie à l'une de ses premières élèves, caractère indépendant et rebelle, de tenter la résistance, avec l'arrière-pensée d'échapper à une juste punition. Sœur Maria se contenta de la prendre par la main et de la conduire dans la classe inférieure, où elle la laissa sans lui dire un mot. La forte tête resta là en silence pendant deux jours, au bout desquels, vaincue, elle demanda pardon. La maîtresse la reçut doucement et lui fit entendre de telles remontrances, que la coupable disait ensuite à une amie : « Je viens de recevoir une leçon que je ne suis pas près d'oublier ! J'ai appris à plier ; mais ce qui ne sortira jamais, jamais de ma mémoire, ce sont les paroles que j'ai entendues ! »

C'est que cette grande âme montrait à ses élèves, avec une sincère affection, une charité délicate et un dévouement passionné dans le don de soi. « Au réfectoire elle se contentait de peu ; elle ne songeait à elle que lorsque tout son petit monde était servi, et là, comme ailleurs, elle eût préféré manquer elle-même de quelque chose que de laisser manquer les autres. »

Sa santé cependant était loin d'être robuste. Elle souffrait assez fréquemment de fortes migraines ; mais ne voulant à aucun prix abandonner ses enfants, elle se traînait jusqu'à sa classe, qu'elle ne quittait que totalement abattue par la violence du mal. »

C'était une mère ; et sa maternelle bonté s'ingéniait à s'exprimer le plus ordinairement par de petits détails, par des soins humbles et communs, capables de rebuter toute autre nature plus vulgaire. « Elle accepta une fois de tenir sur ses genoux une petite pensionnaire à qui l'on devait enlever les amygdales. Ce n'était pas alors l'opération simple, prompte, facile et propre qu'elle est aujourd'hui. Au cours de l'opération une hémorragie se produisit. Le docteur, à bout de ressources, était inquiet et ne cherchait même pas à cacher son anxiété. De la garde pas un mot, pas un mouvement, pas un geste, mais une rare présence d'esprit et un sang-froid imperturbable. On fut bientôt rassuré de part et d'autre ; et le chirurgien surpris d'une telle vaillance, prit congé de son infirmière improvisée par ce mot : « Ma Sœur, quand j'aurai une jambe à couper, je vous enverrai chercher ! »

Ce n'était pas seulement dans des cas aussi extraordinaires qu'elle conservait la pleine possession d'elle-même. Elle savait aussi se dominer dans des circonstances tout ensemble moins graves et plus pénibles. Ceux-là seuls qui l'ont connue pourront s'imaginer quels efforts elle dut s'imposer parfois pour éviter les écarts d'un tempérament tout bouillant de vivacité. Elle a raconté elle-même à quel expédient il lui arriva d'avoir recours pour détendre ses nerfs par trop agacés, et calmer la juste indignation d'un caractère harcelé par les malices et les espiègleries. Elle avait parmi ses élèves, une grande fillette, tour à tour indolente et dissipée, entêtée et revêche, n'ayant qu'une idée en tête, exercer la patience de son institutrice en toutes manières, et la faire endêver le plus possible. Le pis est qu'elle y réussit un beau soir. Observations, prières, menaces, rien n'y fit. La gamine était endiablée. Plus moyen d'y tenir, à moins de gifler l'insolente ou de la battre comme plâtre. Elle l'aurait broyée !!! « Mais ce n'est qu'une enfant, se disait-elle, en elle-même. Je suis religieuse, et la règle défend expressément toute voie de fait ;... et il n'est rien que les Supérieures réprouvent avec plus d'énergie ! Et quand rien ne me l'interdirait !... on ne se rabaisse pas à ce point là !... Il y a mieux. » Elle sort précipitamment, et s'armant de son tablier qu'elle détache d'un geste résolu, elle tombe à bras raccourci sur l'arbre qui est là devant elle. Elle frappe, elle frappe tant qu'elle a de force, tant qu'elle a du souffle. L'arbre n'en peut mais, et le tablier, le pauvre tablier semble pleurer par plus d'une déchirure et implorer grâce. Elle rentre, tout à fait soulagée... Cette correction d'un genre tout spécial produisit-elle un effet aussi concluant sur la petite scélérate ? L'histoire ne le dit pas, et c'est bien dommage. Le fait n'en est pas moins curieux et très révélateur. Un seul acte spontané découvre souvent mieux l'intime de l'âme que les plus longs discours.

Où sœur Maria redoublait de vigilance, c'était au sujet des exercices de piété. Non contente de s'ingénier à éveiller la conscience qui est pour tous la lumière de la vie, l'inspiratrice de l'honneur et la gardienne de la vertu, elle eût encore désiré façonner tous les cœurs à son idéal de justice et de sainteté, et les tremper dans la piété simple, droite et vraie : « Je n'ai vécu qu'un an avec elle, assez cependant pour me rappeler toujours son grand amour de la règle, sa rigoureuse ponctualité à tous ses devoirs, et sa continuelle vigilance pour que personne autour d'elle ne s'en dispensât. Elle n'en passait à personne, à moi qu'elle aimait pourtant bien, pas plus qu'à toute autre. Etant allée un samedi à l'église pour surveiller les enfants pendant la durée des confessions, je profitai de ces instants, qui paraissent quelquefois interminables, pour faire ma visite au saint Sacrement. Puis quand vint l'heure de la faire à la chapelle intérieure, je crus pouvoir m'en dispenser. Mais j'avais compté sans mon hôte. Ne me voyant pas à ma place, sœur Maria vint aussitôt me trouver et me demander le motif de mon absence. ...C'est ainsi qu'elle prouvait son affection, en cherchant à faire du bien et à... aider les faibles. »

Avec ses collègues son commerce était sûr, et, en lui rendant hommage comme à un cœur discret et sur qui elles pouvaient compter, aussi dévoué aux jours assombris qu'aux heures riantes, fermé aux mille petits bruits éphémères qui ont si tôt fait, même dans les communautés les plus ferventes, de faire et de défaire une réputation, inaccessible à tout changement dans sa manière d'aimer et de juger, celles qui lui survivent ne croient pas se tromper, quand elles affirment que là est peut-être le plus bel éloge que l'on puisse faire d'elle : elle fut un cœur et un caractère.

De là, son incroyable promptitude à prendre une décision même dans les détails de peu d'importance. A Doullens, elle était réglementaire, et elle s'acquittait de sa charge avec la plus méticuleuse fidélité. Mais la meilleure bonne volonté peut être prise en défaut, si d'aventure elle entre en lutte avec le sommeil. Or un matin qu'elle dormait profondément, elle n'entendit pas le réveil qui lui devait donner le premier signal. « Une voisine en profita pour lui jouer ce qu'elle croyait un bon tour ; elle ouvrit doucement une fenêtre du dortoir, d'où elle saisit la corde qui pendait le long du mur et se mit à agiter la cloche, jubilant de son innocente farce. Ce ne fut pas long. Réveillée en sursaut, la réglementaire fut d'un bond hors du lit, d'un autre bond elle arriva au bas de l'escalier, et saisissant d'une main vigoureuse la corde par l'extrémité, elle arrêta net l'intempestive sonnerie, qu'elle reprit du reste, mais seulement après une pause bien marquée. Elle remonta ensuite triomphante ; au moins elle s'était acquittée de son emploi !... Peu de temps après, par compensation, sans doute, et plus encore par crainte d'un second manquement, elle nous fit toutes lever à quatre heures, une heure plus tôt que de coutume, nous et quelques voisins qui racontèrent plus d'une fois, en riant, la déconvenue de leur obéissance par trop monacale.

« En fait de mésaventure, en voici une plus piquante, dont je fis à ma grande confusion tous les frais. Sœur Maria n'était pas poltronne. C'était connu qu'elle ne s'effrayait pas facilement. Mais peut-être aussi n'avait-on jamais mis sa bravoure à l'épreuve ? Si l'on essayait, là, une bonne fois ! on verrait bien, et l'on pourrait toujours se distraire un peu ! Que faire ? et qui tentera l'expérience ?.... Je m'en chargeai, et un soir qu'il faisait très noir, je me blottis dans la cage de l'escalier, où je savais qu'elle devait passer. Elle descendit, en effet, comme à l'habitude. Mais au moment où elle touchait la dernière marche, je fis un saut en avant, comme pour me jeter sur elle, en poussant un cri aussi sinistre que je pus.... Ce fut prompt comme l'éclair : Clac ! Je ne vis rien, sinon trente-six chandelles, mais j'entendis très bien : Clac ! et je portai vivement la main à ma joue gauche, qui venait d'endosser un

soufflet sec, retentissant et magistralement
appliqué. La preuve était faite, suffisante, et
plus que suffisante, et j'allais disparaître sans
demander mon reste, quand une de mes com-
plices parut soudain avec une lumière qui mit
les deux actrices en face l'une de l'autre.
J'étais encore tout étourdie, et ma partenaire
eut un rapide mouvement de stupeur en me
reconnaissant ; puis prenant très vite le bon
parti, nous éclatons de rire toutes les deux.
« Ah ! dit-elle, un instant après, je ne savais
pas qu'elle vous fût destinée ! Mais, tout de
même, pour une bonne gifle, c'est une bonne
gifle ! ». J'avoue que je n'eus plus jamais
envie de renouveler pareille plaisanterie.

Ces menus incidents, et mille autres du même ordre qui se renouvellent dans toute existence, loin de la détourner de la pensée de
Dieu, portaient, au contraire, sœur Maria à sa
rencontre. L'esprit de foi accompagnait toutes
ses œuvres pour les surnaturaliser et les rendre plus dignes de sa vocation.

C'était même une coutume chez elle de
s'examiner après toute action, petite ou grande, qui venait modifier la marche habituelle
de sa journée, comme de s'appliquer d'abord
à elle-même, les avis et exhortations qu'elle
adressait à ses élèves. Une si louable habitude lui valait de ne jamais conseiller un
effort, qu'elle n'eût tenté la première, et ses

progrès vers la perfection s'en ressentaient visiblement. « Combien sa piété était vraie, solide, sans affectation ! Je n'oublierai jamais la gravité avec laquelle elle faisait le signe de la Croix ».

Sa nature loyale et généreuse la poussait à mettre en harmonie l'extérieur de sa conduite, et les principes que sa foi et sa règle lui imposaient, sous la direction d'une supérieure. Et, il faut le dire, dans sœur Maria, le caractère, comme la piété montait toujours droit et très haut. Elle ne connaissait point cet égoïsme plus ou moins raffiné, où le moi aime à s'endormir comme sur un mol oreiller, et qui semble un dédommagement à la privation des joies interdites à la religieuse.

Sans se défendre d'une très réelle prédilection pour la classe qu'elle faisait, pourtant elle ne se désintéressait point de celle de ses voisines. Au labeur commun elle apportait ses forces, estimant que le particularisme est funeste aux entreprises que Dieu remet à des sœurs. « C'était incontestablement la plus belle âme entre nous toutes ; aucune ne possédait au même degré l'esprit de la *Sainte-Famille* ».

C'est cet esprit qui faisait « qu'elle veillait à tout, et devenait, suivant les nécessités de l'heure, cuisinière, modiste, couturière » ! Il ne lui en coûtait rien, apparemment du moins, d'échanger la plume contre la brosse ou le balai, pourvu qu'elle se rendît utile. Hésiter à lui demander un service était la plus sûre manière de l'offenser.

« Elle me posa un jour un vésicatoire, en l'absence de l'infirmière. Mon état ne me contreignant pas à garder la chambre, je me crus guérie en une demi-journée, assez forte pour me débarrasser toute seule de mon pansement, et assez habile pour le remplacer par un linge sur le côté malade... Après quoi, je pensais reprendre simplement mes occupations ordinaires. Je payai tout de suite mon inexpérience et ma présomption, et fus prise de telles douleurs, que je me trouvai pendant quelques instants dans l'impossibilité absolue de faire le plus léger mouvement. Lorsque je fus un peu remise, je descendis péniblement de ma cellule pour réclamer l'obligeance habituelle de sœur Maria. Mise au courant de mon petit exploit, elle ne me dit rien ; mais elle me regarda longuement d'une façon si sévère et si attristée que je compris. Je l'avais privée de la satisfaction d'un service à rendre, et je pris bien garde, dans la suite, de lui enlever l'occasion d'exercer sa charité. »

Ainsi la pensée dominante, qui éclairait son zèle et animait son dévouement, venait d'une inspiration plus élevée que la considération de son rôle d'institutrice. L'enseignement toutefois tenait la première place dans sa vie religieuse, dont elle mettait les richesses et les grâces au service de ses compagnes, et plus encore au service des jeunes âmes qui lui étaient confiées. « Notre mission est belle, disait-elle souvent, belle et modeste, mais des plus fécondes. C'est à nous de nous y établir de plus en plus ». Sous l'inspiration de cette pensée, sa charité transfigurait tout, même les minuties de chaque journée, et pour elle aussi, les riens étaient la goutte d'eau qui peu à peu amollit et creuse la pierre.

Ce qui lui coûtait par dessus tout, c'étaient les sorties, les longues séances au parloir, les visites aux parents des élèves. Aussi quand sa présence n'était pas jugée nécessaire, elle mettait autant de diligence à s'en dispenser que d'autres à aller au devant. Mais s'agissait-il de rester avec les pensionnaires, de se gêner dans un travail ingrat et pénible, de passer les temps libres et les nuits au chevet d'une malade, ou de courir au secours d'une sœur, soit dans l'établissement, soit dans un pays voisin, elle était là, toujours la première à s'offrir, souffrant moins de s'imposer un surcroît de fatigue, que de goûter un repos qui parfois eût été nécessaire.

Elle ne pouvait pas voir les autres dans la peine ou dans l'embarras. Un mot grâcieux, une délicatesse, un sourire, un encouragement, un coup de main inattendu, que de délicieuses

industries dont elle usait pour gagner la confiance, prendre l'amitié et trouver le chemin
des cœurs ! L'étude, les récréations, les promenades, le sommeil même des pensionnaires,
elle partageait tout, les couvrant de son regard,
se donnant à elles, minute par minute, se dépensant pour elles, le jour, la nuit, toujours en
éveil et toujours contente, si ses chères petites
filles se sentaient à l'aise dans leur travail.
dans la paix de la conscience et la limpidité
d'une âme pure.

VI

La première Direction

Au mois d'octobre 1886, sœur Maria reçut son obédience pour le pensionnat d'Amiens. Elle y arriva préparée par les dons de la nature et de la grâce, et par le sentiment profond de l'incompréhensible sérieux de la vie religieuse enseignante. Elle recevait, là aussi, la première classe, et offrait sans hésiter sa jeunesse, son savoir, son zèle, son enthousiasme, prise d'un seul besoin, le bonheur et le progrès de ses élèves, tourmentée d'un seul désir, son propre avancement spirituel.

Certes, même au regard de la raison humaine, la mission d'institutrice, pour humble qu'elle soit en elle-même, apparaît cependant par certains côtés dans une grande beauté.

Verser la lumière dans l'âme de l'enfant ; y faire affluer les premières énergies morales, développer l'intelligence et l'orner des connaissances les plus indispensables, agrandir la capacité de bien dire et de bien faire, en un mot, préparer dans la petite fille la femme et la chrétienne, quelle tâche plus auguste ! Sœur Maria en saisissait la dignité à travers les préceptes de la grammaire et les problèmes de l'arithmétique, et, de tout son cœur, elle s'éprenait toujours plus de sa vocation, qui la maintenait au milieu des enfants.

Nulle part peut-être les grandeurs de l'éducation religieuse ne sont mieux indiquées qu'au premier chapitre de la Genèse. La terre uniforme et nue, plongée dans les ténèbres, est l'image de l'âme, sur qui le soleil vivifiant de la culture intellectuelle et morale n'a point encore laissé tomber ses chauds rayons. Puis, peu à peu, sous la parole toute puissante du Créateur, la terre s'éveille : elle traverse les phases diverses de son développement, et, à chaque évolution, elle conquiert plus de beauté ; elle se revêt d'une grâce plus charmante, jusqu'à ce que, caressée par le soleil, fleurie et embaumée, elle soit digne d'emporter avec elle, dans son voyage à travers l'espace infini, celle qui est sa princesse, sa reine, la créature humaine.

Dans l'âme, en qui le Baptême a déposé le

germe divin, le germe chrétien, pourtant la nuit, la nuit noire, s'épaissit encore. Il faut qu'elle se dégage des liens du corps, qu'elle quitte les bas-fonds fangeux où s'agite la foule aveugle des instincts et des appétits, et que, lentement dans une ascension lourde et patiente, elle monte vers la lumière, vers la beauté, vers la ressemblance avec un Dieu-Enfant, le modèle éternel de toute vertu.

Mais pour l'aider dans cette ascension sublime, qui, l'arrachant à l'abîme des misères innées, la portera au sommet radieux du bien et à l'épanouissement de toutes ses nobles facultés, il est indispensable qu'elle rencontre l'auxiliaire capable de la guider et de la soutenir. Ce sera le maître ou la maîtresse d'école, mandataire des parents, à qui font défaut le temps, le savoir ou la volonté. La foi jette ses racines à la parole de l'apôtre, et l'éducation dépend, elle aussi, de l'influence vivante que prend l'enseignement d'une voix aimée. A cette voix, les ténèbres s'évanouissent, les fleurs éclosent, belles et pleines de promesses. Le paradis terrestre, qui consola le monde au premier jour, parfumera peu à peu l'âme de l'enfant; sentant alors la présence de Dieu, il jouira, bien qu'il soit invisible à ses yeux, de sa familiarité et de ses divines caresses. Quel programme incomparable ! Et quel idéal séduisant, bien propre à réveiller le courage, exciter l'intrépidité, mettre en mouvement le cœur ou l'intelligence, le zèle et le dévouement !...

Notre admiration, et bien légitime, va aux hommes de génie ou de vaillance, qui, grâce à un labeur jamais lassé, ouvrent, au prix d'incessants efforts, de larges brèches à la civilisation et obligent la barbarie à reculer, en repoussant de plus en plus loin la misère, la maladie, la famine et la mort même. Pourrions-nous n'éprouver aucune sympathie pour cette œuvre d'un labeur plus âpre et plus ingrat, l'éducation de l'enfant ? Là où pousse l'orgueil, faire fleurir d'humbles sentiments de lui-même ; dans le sol où pullulent les racines du plaisir, semer les germes de la pureté ; combattre l'égoïsme et y substituer des idées de charité, de bienveillance et de solidarité ; à toutes les passions mauvaises, trop fécondes en désastres de tous genres, opposer victorieusement les vertus chrétiennes, qui protègent les espérances de la famille, en même temps qu'elles gardent la certitude des récompenses inamissibles, qui en sont les fruits pour l'éternité à venir, telle est la grandeur de l'œuvre qui acheva de se révéler dans tout son éclat au cœur plein de foi de sœur Maria.

En tout établissement d'instruction catholique, elle s'y fût consacrée et l'aurait contemplée avec une jalouse avidité, afin de s'en pénétrer davantage, et d'aviver chaque jour sa

résolution d'en poursuivre le but depuis longtemps entrevu. Mais elle ne pouvait pas ne pas
s'apercevoir qu'elle vivait maintenant dans une
école qui ne datait plus d'hier, abondamment
pourvue déjà de respectables traditions, ayant
fait ses preuves et laborieusement gagné sa
place au soleil, et que cette école avantageusement connue, à trente lieues à la ronde, s'appelait elle-même la *Sainte-Famille*. Si jusqu'alors
on n'avait pas encore beaucoup célébré son
passé, ce n'est pas que la matière eût fait
défaut à l'éloge. On eût formé un joli cortège
à faire défiler, sur les boulevards, les légions
presque innombrables que ses murs avaient
abritées depuis plus d'un demi-siècle ! Mais,
il suffisait d'évoquer leur mémoire, pour que
sœur Maria cherchât à s'inspirer de traditions
glorieuses, à son sens, et à fixer dans une plus
pure et plus haute lumière, l'idéal de l'éducatrice qu'elle se proposait d'être toute sa vie.
Sainte-Famille ! Elle le fut de race, si l'on ose
dire ; et elle respirait ici l'esprit même de la
Société; et l'esprit de la Société, c'est la famille
continuée, bien qu'agrandie, avec la tendresse
chez les maîtresses et l'affection filiale chez les
élèves, et mieux encore, avec un harmonieux
mélange de liberté et d'obéissance, de soumission cordiale et de respectueuse indépendance.
Et si, aujourd'hui encore, de nouvelles et toujours plus nombreuses phalanges profitent de

tant de précieux trésors, amassés là depuis plus de cent ans, et dont chaque pierre de la maison redit la valeur et l'histoire, elles le doivent incontestablement à toutes les directrices de choix, qui les surent entourer d'un zèle intelligent et d'une sollicitude sans défaillance.

Elles le doivent aussi à sœur Maria, peut-être plus qu'à toute autre. Il sera facile de s'en rendre compte. Les enfants étaient incessamment présentes à son esprit. Elles les apercevait à l'oraison, à la messe, aux diverses prières qui adoucissaient ses heures de souffrance et réconfortaient ses journées de travail. Si, dès l'aurore, elle s'agenouillait aux pieds du divin Maître pour l'écouter et recevoir sa direction et ses bénédictions, elle les tenait rangées au-devant d'elle. Si elle se rendait à la table sainte pour y recevoir l'Hostie vivante, elle n'entrevoyait d'autre escorte que celle de leurs petites âmes. Quand elle luttait avec le Ciel pour lui arracher force et lumière, c'était avec la détermination de reverser sur elles la totalité des générosités divines. Elles, toujours elles! c'était vers elles, comme vers le seul centre qui l'attirât, que se dirigeait son inépuisable activité ; vers elles allaient ses études, ses lectures, ses méditations, même ses observations en voyage. C'était, avec la pensée de Dieu, comme son ciel portatif et sa seule atmosphère respirable. Elle y brûlait des flammes ardentes de l'enthousiasme religieux, et ces flammes, attisées par l'attention scrupuleuse qu'elle apportait à les entretenir et à les augmenter en elle-même, elle eût voulu les répandre, les multiplier dans chaque âme.

Il n'entrait pas dans les habitudes de la vaillante institutrice de s'arrêter en chemin, même lorsque ce chemin se présentait, suivant les jours, agréable ou malaisé, pourvu qu'il fût celui de l'obéissance. Les supérieures, la voyant à l'œuvre de plus près, se mirent à l'apprécier davantage, et elles résolurent de ne pas attendre plus longtemps pour lui confier un des emplois les plus en vue dans la maison, la première classe du noviciat (octobre 1899).

Ce n'était pas là leur unique dessein. Elles reconnaissaient à sœur Maria de l'initiative pour entreprendre les réformes utiles, de la persévérance pour les mener à bonne fin, de l'ordre pour leur assigner le temps et le rang convenables, une singulière aptitude à mener de front les affaires les plus différentes et parfois les plus compliquées. Ces raisons prévalurent. Mais tout en l'appelant à un poste de choix, elles ne voulurent pas priver le pensionnat de sa précieuse collaboration, et elles lui donnèrent la direction générale des études.

Sœur Maria ne démentit ni leurs espoirs, ni leurs ambitions. Elle se mit à l'œuvre. Dési-

reuse avant tout d'améliorer les usages et les
mœurs en matière d'enseignement, elle commença par prier, réfléchir, observer, consulter.
Cela fait, elle agit. La routine fut rudement
malmenée ; les lacunes clairement exposées et
mises à nu se comblèrent promptement, les
ténacités des vieilles habitudes, si vénérables
qu'elles fussent, durent incliner leur antiquité
devant une volonté aussi inflexible que calme;
et la claire rédaction d'une méthode moins
surannée, et plus conforme aux récentes lois
sur l'instruction, devint la charte obligatoire.

L'auteur elle-même donnait l'exemple ; la
première à se plier aux exigences du nouveau
règlement, elle encourageait ses sœurs à remplir leur mission dans la foi et la confiance,
et ne se lassait pas de leur expliquer ce qu'elle
regardait comme la meilleure manière.

Sans se méprendre le moins du monde sur
les plus solides garanties de la prospérité
scolaire, elle la cherchait d'abord là où elle
était assurée de la rencontrer, dans une connaissance plus approfondie des programmes et
dans une pratique plus expérimentée de l'art
d'enseigner. Elle provoquait, à cet effet, de
fréquentes réunions ; elle y assistait avec ses
notes en main ; elle lisait, expliquait, commentait d'une voix tremblante d'abord, bientôt
d'une voix plus assurée, tout en versant dans
ces sortes de conférences, le tribut de son
esprit et de son infatigable serviabilité.

Il arriva bien, dans les premiers temps que certains esprits plus légers, et que certains autres plus foncièrement attachés aux traditions d'antan, ne purent contenir un mouvement d'humeur. Il y eut même quelques plaisanteries et quelques boutades. Mais le maintien grave de la directrice, la loyauté de son regard, nuancé de quelque tristesse, et la réprobation de son silence en imposaient aux langues les plus acérées, et les plaintes expiraient sur les lèvres. Il est vrai aussi qu'elle se voyait soutenue par l'attention du plus grand nombre qui, les yeux fixés sur elle, semblaient implorer ses lumières.

Quand elle avait fini de parler, sa physionomie parlait à sa place, et c'en était assez pour maintenir la réunion dans un ton irréprochable.

Une telle conduite, un tel ascendant déconcertait les pusillanimités promptes à prendre ombrage de tout et les égoïsmes latents et ennemis de ce qui gêne. Les critiques tombèrent à plat, et la sympathie finit par l'emporter et monter jusqu'à une sorte d'admiration, quand on se trouva en face des premiers résultats, dus à son intelligente initiative. Puis, quand les dispositions prises et étendues aux nombreuses maisons de la Société, commencèrent à y produire des effets non moins heureux, ce fut un concert unanime de louanges et de félicitations, dont la joyeuse répercussion ne paraît avoir été ignorée que de celle qui en était l'objet.

On ne lira pas sans intérêt une longue relation à ce sujet. Elle marque d'un trait bien accentué le fructueux passage de sœur Maria au pensionnat d'Amiens ; et, s'il y a redite, on constatera que les redites elles-mêmes ne sont pas sans saveur.

« Les maîtresses du pensionnat aimaient à la consulter ; et, sans rien négliger de son emploi, elle put étendre dans cette direction son influence.

Mise en contact avec cette œuvre si attachante, elle comprit tout le bien qu'on y pouvait faire, et en même temps elle embrassa les multiples points de vue qui doivent être envisagés pour permettre une éducation des enfants, aussi complète que possible. En sa qualité de directrice des classes, elle soumit et réalisa bien des améliorations qui lui paraissaient nécessaires. Avec cette intelligence de son temps qui la caractérisa toujours, elle releva le niveau des études, suivant, contrôlant le travail des élèves, mais surtout guidant, stimulant, encourageant le travail des professeurs. Celles qui ont eu l'avantage, on pourrait dire, la faveur, de faire sous un tel chef, leurs premières armes dans la carrière de l'enseignement, ont su apprécier ses éminentes qualités d'éducatrice, et se plaisent à lui rapporter, après Dieu, la fécondité de leur apostolat. Aussi, comme elles estimaient, comme elles aimaient sœur Maria ! Avec quelle simplicité, avec quelle confiance elles venaient à elle, sûres de trouver en elle un guide pour leur inexpérience et un soutien pour leur faiblesse, un reproche aussi quelquefois pour leurs manquements, mais toujours une bonté encourageante et un désintéressement surnaturel, parce qu'émanant d'un cœur profondément religieux.

Elle avait à un haut point le don de faire aimer et respecter l'autorité, qu'elle incarnait si bien. Il lui suffisait, d'un mot, d'un geste, d'un regard pour se faire comprendre et obéir. Ce sentiment de l'autorité, elle cherchait, du reste, à le développer dans les maîtresses pour l'exercer et s'y soumettre à la fois, dans les élèves pour s'y plier avec respect et affection. Un fait, entre beaucoup d'autres, montrera son ascendant sur toutes celles qu'elle approchait. Un soir, une toute jeune novice devait faire la surveillance et organiser les rondes à la galerie pendant la récréation. Elle essaye de se faire entendre et obéir, sa voix n'est pas écoutée ; elle a recours à la sonnette qu'elle agite à coups redoublés... Tous ses efforts sont vains; on crie, on chante, on danse ; c'est le bruit, le tumulte, le désordre. Dans son impuissance, la pauvre petite surveillante, désolée, laisse là la bande indisciplinée et court à la recherche de sœur

Maria, pour la supplier de la relever de sa tâche. Celle-ci, toujours soucieuse de soutenir l'autorité, quelle qu'en soit la représentante, ramène la novice toute tremblante au lieu de la récréation, et là, elle lui demande de reprendre son commandement et de s'imposer... C'est déjà fait. La cohue s'est rangée d'elle-même; docile et un peu penaude, elle se prête à tous les jeux signalés, parce que sœur Maria est là qui regarde !

Si telle était l'influence de son regard, à plus forte raison, un désir exprimé obtenait-il tout de ses enfants. Elle les aimait si bien ! Elle s'intéressait si sincèrement à leur santé, à leurs progrès, à leurs petits chagrins, à leurs petits ennuis, mais surtout à leur formation au bien ! Pour leur rendre la vie plus attrayante, elle leur procurait des jeux, des promenades, des distractions, elle obtenait l'amélioration du régime, transformait les locaux...

Dire tout ce qu'elle fit pour l'éducation est assez difficile. N'est-ce pas là une œuvre continue, qui s'accomplit par mille détails, insignifiants en eux-mêmes, mais qui tous ensemble ont une grande importance ? Là encore elle travaillait au bien des élèves, en perfectionnant leurs maîtresses. Aimant à se trouver avec ces dernières, elle éveillait les initiatives, elle secondait les efforts, et par des conseils pratiques toujours, et toujours surnaturels, elle montrait le chemin, et indiquait la marche à suivre. L'art de l'éducation ne s'apprend pas en un jour, aussi y revenait-elle constamment. Elle profita même d'une de ses retraites particulières, pour écrire, à ses sœurs du pensionnat, une lettre toute pleine de piété, de sagesse et d'affection; et il est telle phrase, faite d'expressions un peu fortes, mais combien justes, qui était encore dans toutes les mémoires après vingt-cinq ans !

Il faut l'avouer, si elle donnait beaucoup, elle exigeait beaucoup aussi : la préparation journalière et soignée de la classe, l'assiduité auprès des élèves, la surveillance incessante, qui auraient pu lasser, à certains moments, quelques natures moins résistantes ou moins généreuses. Mais elle savait si bien prêcher d'exemple, et payer tout signe de bonne volonté d'un regard sympathique, d'un mot bienveillant, d'une délicatesse à point, d'une marque de confiance !

Nulle, plus qu'elle, n'eut jamais le secret de se révéler parfaitement bonne ! Faire avec sœur Maria, après le dîner, le pèlerinage à la grotte de Lourdes, suivi d'un tour au jardin, c'était pour les maîtresses qui n'étaient pas retenues par le devoir, un plaisir envié et une délicieuse récréation. Et que dire encore de ces petites excursions de vacances, qu'elle provoquait et qu'elle partageait à Boves, à Camon, à la Neuville ? Quel bon vieux temps ! c'est en l'évoquant qu'on se surprend à comprendre la sainteté du souvenir. Trop souvent, on ne voit en lui qu'un moyen commode de relever la fadeur maussade du présent, ou de broder des arabesques délicates sur le fond monotone de l'existence quotidienne. Mais quand les spectacles de la vie ont fini par vous fatiguer ou par vous vexer, qu'il fait bon se réfugier dans certains souvenirs, et dérouler devant le regard intérieur, comme une consolation ou comme une revanche, le tableau enchanté de ce qui n'est plus !

Dans ces joyeuses excursions, le pensionnat, l'externat et l'école Sainte-Anne fraternisaient le plus souvent. Reverrons-nous jamais les agapes toujours appréciées et si accueillantes qui nous réunissaient alors ?... Là, on reprenait de nouvelles forces et un nouvel entrain pour la tâche du lendemain, ne se souciant plus du labeur de la veille.

Pour étendre, autant que possible, à tout le personnel enseignant les innovations dont on jouissait, à Amiens, comme de bienfaits inaltérables, sœur Maria s'employa avec constance à mettre à profit la période des retraites qui réunissaient chaque année toutes les institutrices de la Société. Aux exercices spirituels vinrent s'ajouter des cours de pédagogie et de vraies classes, qui permettaient à quelques-

unes de compléter leur instruction antérieure
au noviciat. De plus, afin de museler la rou
tine et de rompre avec des méthodes par trop
antiques, et pour rendre l'enseignement donné
plus vivant, tout en devenant plus uniforme,
elle fit établir un programme détaillé des différentes matières, où était fixé le travail de
chaque mois et de chaque semaine. Ce programme, elle l'étudia minutieusement, et ne
l'approuva qu'après bien des retouches. Mais
quels avantages ! Celles qui eurent le bon esprit de l'adopter sans réserve n'eurent qu'à
s'en féliciter, tant la tâche était simplifiée pour
elles, tandis que l'inspection des classes était
rendue beaucoup plus facile ».

C'est ainsi que, par tout un ensemble de
sages mesures, fut donné aux études un re-
nouveau splendide, et aux maîtresses un élan
inconnu,qui leur permit de maintenir leurs
écoles au premier rang, tout en faisant mieux
que de soutenir la concurrence officielle. Le
moyen est excellent, avouons-le, qui met à
même de répondre, par les aptitudes et les
succès toujours renaissants, aux espérances
des familles et au dévouement des bienfaiteurs

VII

L'Institutrice des Novices

Les soins si multipliés, que sœur Maria donnait au développement des études, ne l'empêchaient point d'en réserver la plus large part aux novices, dont elle avait spécialement à parfaire l'instruction. Là aussi, elle dirigeait le travail, réglait le plan de la classe, choisissait les ouvrages à mettre entre les mains, et passait au milieu de *ses grandes enfants* ses plus longs et meilleurs loisirs. Elle se retrouvait là, comme dans le vestibule de la vie religieuse, et elle y éprouvait le contentement ineffable que l'on n'éprouve bien que chez soi. Rien ne convenait mieux à sa nature d'âme grave et réfléchie que ce milieu plus surnaturel qui, par divers sentiers, conduit plus directement à Dieu, et ce serait mal la connaître que de s'imaginer que les heures de leçons suffisaient à l'absorber tout entière.

Sans doute, elle attachait un grand prix à la culture de l'intelligence, mais elle cherchait plus encore à orner le cœur, en semant le bon grain et en étouffant l'ivraie qui, si l'on n'y prend garde, lève et croît dans la bonne terre comme ailleurs. Aucune illusion de sa part sur les défauts de caractère ; elle s'appliquait à les corriger avec tant de fermeté et de patience, que les jeunes filles s'habituaient vite à se confier en elle comme un malade en son médecin. Elle leur apprenait à réprimer les mauvaises tendances de la nature, à gagner de l'empire sur elles-mêmes, à substituer dans leur âme l'humilité à l'orgueil, et le dévouement à l'égoïsme. Leurs bonnes dispositions, elle les entretenait avec une discrétion calculée, et elle savait leur ménager la joie d'une victoire sur leurs imperfections et d'une récompense pour leurs efforts. Les plus petites faiblesses lui étaient un motif de les amener avec art à reconnaître que les fautes volontaires sont les seuls vrais maux, que la piété est la source du bonheur et que les biens les plus dignes d'estime sont les dons de la grâce et de la sainteté.

« Mes sœurs, leur disait-elle souvent, la plus grande gloire pour des religieuses, comme nous, n'est pas d'avoir des enfants qui leur obéissent, ni des familles qui les vantent; mais plutôt, c'est leur honneur et leur joie d'être les servantes de Dieu... Retenez-le bien, il faut aimer Dieu plus que toute chose ! »

Aimer Dieu par-dessus toute chose, ce n'est pas comprimer son cœur pour y étouffer les affections légitimes. C'est le dilater, au contraire, et l'ouvrir à toutes les dimensions de l'amour divin, où le prochain obtient une si large place. « Qu'elles le disent celles qui rencontrèrent sœur Maria Legrand, maîtresse de classe au noviciat ! Elle y purent apprécier la netteté de son enseignement et son aptitude à se plier aux exigences des programmes officiels, mais elles purent en même temps, reconnaître en mille circonstances, sous une apparence de froideur et même de sévérité, une grande indulgence, une bonté toute maternelle. Avec quelles délicatesses, par exemple, elle s'efforçait d'adoucir, pour les arrivantes, la transition toujours si pénible, quels que soient l'enthousiasme et les ardeurs juvéniles, entre les douceurs de la famille et les premières exigences de la vie religieuse ! »

Après les nouvelles recrues, c'étaient les orphelines à qui allait sa prédilection ; on s'en apercevait tout de suite. Elle ne savait qu'imaginer pour leur marquer son affection et leur ménager ces douces surprises dont les mères ont seules le secret. « Nous en avons été plus d'une fois touchées jusqu'aux larmes. C'est à elles qu'elle prodiguait les soins les plus tendres, qu'elle ne savait, il faut le dire, refuser à personne, et qu'elle nous distribuait à toutes sans parcimonie. L'une de nous, faible et délicate, se sentit assez souffrante pour monter à l'infirmerie. Le soir même, elle reçut naturellement la visite de sœur Maria. « Ma sœur, lui dit-elle doucement, pourrais-je savoir la peine que je vous ai faite aujourd'hui ? ». La novice balbutia : « Mais vous ne m'en avez fait aucune, ni aujourd'hui, ni hier, vous ne m'en avez jamais fait ! » — Pourquoi alors avez-vous refusé le lait que je vous ai envoyé pour vous faire un peu de bien ? — Ne permettez-vous pas que je m'intéresse à votre pauvre santé ? » La novice était déjà bien émue. Elle devint tout à fait confuse, quand elle entendit sa maîtresse ajouter : « Vous ne m'en voulez pas ?.... Bien sûr ?... Pour me le prouver, et me prouver aussi que vous voulez bien que je vous soigne, donnez-moi donc votre fichu, j'y aperçois des taches !.. Ce n'est pas beau sur le noir ! Tenez, je vais vous le détacher ». Et tout en causant, elle enlevait à la novice son fichu et lui mettait le sien ,son plus beau, celui qu'elle ne portait que le dimanche. La pauvre enfant souriait et pleurait en même temps, aussi incapable de contenir son émotion que d'exprimer sa reconnaissance... Il n'y avait guère de semaines où l'on n'apprenait, au noviciat, le renouvellement de petites scènes analogues ; et le récit qui s'en répétait parmi nous ne laissait jamais que de nous édifier beaucoup et de faire à nos jeunes âmes un bien incalculable !... »

« Tout ce qui souffrait attirait sa compassion, et nous valait la faveur de la voir s'incliner davantage vers notre âge, dans une bonté inépuisable, que ne diminuaient ni les jours, ni les circonstances.... » C'est peut-être là qu'il faut aller chercher la raison première de cette force d'entraînement qu'elle posséda à un degré exceptionnel. Tout, en elle, appelait sans relâche au devoir du moment, sa régularité, sa piété simple et franche, son zèle toujours attentif, son vif amour du travail. Mais rien n'y déterminait plus les volontés, eussent-elles été les plus récalcitrantes, que sa charité.

Pas la moindre faiblesse d'ailleurs. La bonté s'alliait en elle à une fermeté si foncière, que personne n'eût songé à se réserver la concession d'une indulgence aveugle. Digne et imposant, son abord commandait le respect et eût plutôt tenu les timides à l'écart, si son fin sourire n'eût aussitôt inspiré la confiance. « Je pourrais citer bien des cas où elle parvint, comme sans effort, à conserver un calme admirable, quand des tempéraments très doux eussent été portés à l'impatience, et les meilleures

bonnes volontés découragées. Je n'en rappor-
terai qu'un seul entre mille. Une aspirante,
capricieuse de caractère, et emportée jusqu'à
la violence par la plus légère contrariété, se
montra un jour indisciplinée en pleine classe.
De la hardiesse, elle passa vite à l'oubli, de
l'oubli à la colère, et de la colère à l'insolence.
Elle ne savait plus ce qu'elle disait. Ses compagnes étonnées, puis inquiètes, puis révoltées,
gardaient difficilement le silence. Une postulante, cédant à l'indignation qu'elle ne pouvait
plus contenir, cria à la malheureuse : « Vous,
vous ne méritez que la porte ! » Mais sœur
Maria, tranquille, sans un mot, sans un geste,
avait déjà fixé sur la trop prompte interpella-
trice un de ces longs regards qui parlent, et
nous avait fait comprendre à toutes qu'il
fallait plaindre plutôt que blâmer. L'égarée
aussi comprit tout ce que sa conduite avait de
déplacé et de répréhensible. Plus touchée de
cette longanimité silencieuse qu'elle ne l'eût
probablement été d'une vigoureuse apostrophe,
elle se jeta aux genoux de sa maîtresse et lui
demanda pardon en sanglotant. Le pardon fut
immédiatement accordé ; et cette scène, déplorable en elle-même, fut le point de départ d'une
réforme définitive, qu'eût retardée et peut-être
rendue impossible une sévérité excessive. »

Il ne faudrait pas en déduire qu'on pouvait
en prendre à son aise. On n'était même pas

tenté d'en user familièrement avec elle. « **Je**
l'ai connue à la fin de mon noviciat. Elle
venait de remplacer notre chère mère assistante actuelle. Autant j'approchais facilement
de celle-ci, autant je me tenais en muet respect
devant celle-là. On ne doit pas être plus figé
devant le Père Eternel ! Que de fois j'ai envié
le sort de certaines compagnes, qui n'étaient
pas le moins du monde gênées avec elle, et
qui, au contraire, allaient en toute simplicité
prendre ses avis et demander ses conseils !
Comme j'aurais voulu être à leur place ! Elle
s'en apercevait peut-être, et j'ai dû la faire
souffrir beaucoup dans ce temps-là. J'en juge
par ce souvenir que, la rencontrant un jour
dans un corridor, elle me dit : « Que vous êtes
donc fière, ma sœur ! » Je n'étais pas fière du
tout, du moins, je ne le crois pas, mais j'avais
le cœur fermé et me tenais assez froide.
J'aurais dû le lui dire. Je ne sais pourquoi je
n'en eus pas l'idée ou le courage. Et cependant
il m'arrivait, comme à d'autres, de lui donner
parfois en classe, des réponses bizarres et des
explications saugrenues au suprême degré.
Eh bien ! jamais, jamais, elle n'en manifesta
le plus léger mécontentement. Elle développait
ou commentait la leçon avec un calme parfait,
tant que nous ne l'avions pas comprise....
C'était un bel exemple qu'elle nous donnait
d'entière possession d'elle-même d'abord,

ensuite, de patience à imiter plus tard avec nos propres élèves, quand nous serions devenues maîtresses à notre tour »...

On ne saurait nier, devant de telles attestations, que l'institutrice des novices n'ait eu, pour la direction des aspirantes à la vie religieuse, une intelligence et des lumières remarquables. Peu de ses pareilles l'ont égalée dans la science périlleuse de la formation. Ses enseignements portaient avec eux une lueur si vive, des aperçus si nets, des applications si pratiques, qu'on ne pouvait s'empêcher d'y découvrir un don spécial de la Providence.

S'agissait-il d'une âme sincère, franche, généreuse, elle se mettait à l'œuvre avec assurance, et, quelles que fussent les difficultés et les oppositions, elle était certaine du succès final.

Il nous a paru qu'elle avait recours à la méthode suivante : Elle commençait par abattre le jugement. Pour y parvenir, elle lui donnait un nouveau point de départ ; elle posait un principe inébranlable, par exemple : « Dieu est tout, vous n'êtes rien, ni moi non plus ! » Puis, quand ses disciples étaient entrées dans cette voie, elle les y entretenait avec soin, les y soutenait de ses conseils, de son affection, et au besoin, de ses actes vigoureux. Une novice se permettait de donner son avis sur ceci ou sur cela ? Son affaire était claire et bien vite réglée : « En effet, ma sœur, ce ne serait pas trop de tout votre talent, pour nous établir, en vue de l'avenir, dans une sage direction ! »

Après avoir terrassé le jugement, elle se plaisait à former les âmes, sans transition, à la générosité, au sacrifice, à l'oubli d'elles-mêmes. Couper court à ce qui était de ses goûts et de ses répugnances, se garder d'aucun retour sur le passé, ensevelir dans une ombre impénétrable les paroles, les actions et les souvenirs d'autrefois, tel était le sujet de ses recommandations les plus fréquentes ; et c'est par ce moyen qu'elle réussissait à former des cœurs dégagés et vraiment forts. On s'accoutumait, auprès d'elle, à ne plus faire attention à ce qu'on aimait, à ce qu'on craignait, à ce qu'on souffrait. « Elle nous eût fait passer par une petite trappe ! »

Elle excitait ensuite à la confiance pour mieux entraîner au renoncement. Cette confiance n'était point, en effet, un repos passif de l'âme, une quiétude indolente et inactive. C'était, au contraire, une suite d'actes généreux par lesquels l'âme devait surmonter ses pusillanimités, et s'exercer à se vaincre elle-même, par l'assurance que Dieu ne manque jamais à qui ne lui manque pas.

La débutante qui se confiait à sa direction n'avait plus qu'à suivre le chemin tracé devant elle avec une sûreté de vue, où nulle place n'était laissée au doute ou à l'équivoque. Lorsqu'elle y entrait bien décidée, elle trouvait à chaque pas dans sœur Maria une aide qui faisait souvent les trois quarts de la besogne: « Allez donc, ma petite sœur, ne regardez pas en vous-même. Plantez là les réflexions de votre esprit ! Je serai avec vous ! » C'était vrai! elle était toujours là ! L'inexpérience et la faiblesse se sentaient comme soulevées ; et la jeune fille trouvait, dans l'union de cœur avec sa maîtresse, une force qui la transportait par-dessus toutes les répugnances et toutes les difficultés.

Chaque élève avait conscience d'être accueillie avec une bonté compatissante et ferme tout ensemble. Elle les rassurait toutes également contre leurs craintes personnelles ; elle les faisait oser ; et une fois en marche, elle les conduisait énergiquement jusqu'à destination, ne les quittant pas, avant de leur avoir fourni les moyens efficaces de répondre à leur vocation.

Toutes ne marchaient pas par le même sentier, ni avec la même rapidité. C'était la sagesse de la maîtresse de distinguer le don de chacune et de proportionner les secours aux efforts : aux plus simples et aux moins gratifiées par la nature, tout l'appui nécessaire ; aux mieux douées, toute l'initiative désirable;

à toutes, l'invitation pressante à la pratique exacte et littérale de la règle et à l'amour désintéressé du devoir, expression de la divine Volonté.

Lorsque l'institutrice s'était rendu compte de ce que chacune pouvait donner, et ce n'était pas long, elle soignait le détail, c'est-à-dire qu'elle mettait en œuvre les ressources que donnent la religion et la science pour former l'intelligence et le cœur, et dont le premier est toujours l'abnégation. Qu'une postulante, trop occupée d'elle-même tournât autour de ses penchants préférés ou de ses antipathies naturelles, elle la secouait vivement, comme un jardinier secoue le jeune arbre sur lequel les hannetons sont venus s'abattre au printemps. Elle ne lui faisait grâce de rien, jusqu'à ce qu'elle fût affranchie de sa misère.

Elle était plus exigeante encore pour les choses de l'intérieur, lorsqu'on n'allait pas tout droit son chemin et qu'on embrouillait ses affaires à plaisir. « Comment ? des fantaisies, des rêves, des retours ! Vous perdez votre temps ! en vous, il n'y a de place que pour vous; vous n'en laissez pas à Dieu ! Comment voulez-vous que cela marche ? » Impossible de pactiser avec elle sur cette question-là, elle n'écoutait qu'autant qu'elle était convaincue de la bonne volonté. Et, si l'on tardait à entrer dans cette voie, elle s'en montrait affligée, tout en sachant attendre et ménager la répréhension ou l'épreuve. Rien, au contraire, ne lui plaisait comme une renonciation à sa manière de voir, et la soumission à une prescription de la règle ou de l'obéissance.

Ce détachement qui est la plus grande expression de la victoire sur soi-même, lui était souverainement agréable, et elle y revenait avec une persistance sans cesse renouvelée. Elle-même en faisait des actes continuels sous les yeux de ses grandes élèves.

Dès lors on comprend facilement ce que devenait la classe du noviciat avec une telle institutrice, et l'on s'explique ce qu'en racontent plusieurs de celles qui eurent le bonheur de vivre sous sa direction, que « sa présence embellissait tout, que sa parole charmait tout, et qu'elles pouvaient croire que Dieu lui-même jetait à pleines mains, autour d'elle, les grâces du dedans et les bénédictions du dehors ! »

Il y avait cependant un genre d'âmes pour lesquelles elle n'éprouvait pas le moindre attrait : c'étaient les âmes occupées d'elles-mêmes et entortillées dans leur amour-propre ou dans leur nullité. Vis-à-vis de ces malheureuses, elle était comme désarmée. Elle s'appliquait, par devoir, et pendant quelque temps, à les essayer ; mais aussitôt qu'elle avait reconnu qu'il n'y avait rien à faire, elle les laissait enfermées dans la barricade de leur petit moi, et elle avait raison. Quand on est plein de soi il n'y a de place pour rien. « Il ne serait pas juste, disait-elle, de leur demander ce que Dieu ne leur a pas donné ». Mais elle priait et veillait pour éloigner, par une correction sage et mesurée, les chétifs produits de leur chétif fonds.

Les récréations lui en fournissaient l'occasion la plus ordinaire. A part cela, elle les embellissait, au milieu de cette jeunesse éveillée, par la franche joie qu'elle y apportait, autant que par son aimable condescendance. Mais la délicatesse de sa conscience était extrême à l'égard de la vérité et de la charité. Jamais elle ne disait, jamais elle n'autorisait rien dont on ne fût parfaitement sûr, et elle n'admettait pas non plus la moindre allusion blessante pour le prochain. Si l'on émettait quelque plaisanterie tant soit peu déplacée, elle fronçait le sourcil et détournait la conversation, ou bien elle prenait ardemment la défense de celle qui était sur le tapis. Là son bon cœur se montrait comme ailleurs.

Tandis que, dans les entretiens avec la communauté, elle demeurait souvent silencieuse, recueillie et comme absorbée, ou bien donnait un bref assentiment aux interlocutrices, lorsqu'on s'adressait à elle, au noviciat, on la trouvait gaie et cordiale. Puis, dès qu'on cessait de lui parler, on la voyait rentrer en elle-même, comme si elle entendait à peine ce qui se disait autour d'elle. Aussitôt que le signal était donné, elle se retirait simplement comme la dernière des postulantes, et prenait sans effort un air pénétré qui invitait au silence intérieur !

« Comme nous l'aimions ! Une visite d'elle était une fête ; une parole, en particulier, était un souvenir qui ne s'oubliait pas, » Et les leçons ? Bon gré, mal gré, il fallait y apporter toute son ardeur ! Il fallait aussi voir, autour de la maîtresse, cet auditoire de jeunes filles de quinze à vingt-cinq ans et plus ! Les unes, respectueuses, tout yeux et tout oreilles, ne laissaient pas perdre un seul mot, et rédigeaient, par écrit, aussitôt après l'avoir écoutée, ses pensées et ses expressions, avec la plus scrupuleuse exactitude. Les autres paraissaient retenir leur souffle et suivre des yeux les mouvements de ses lèvres. Les unes, comme les autres, ne savaient pas toujours très bien ce que la maîtresse avait enseigné ; mais elles avaient compris qu'il importait avant tout d'être courageuses et persévérantes, et que celles qui suivraient bien ses instructions finiraient toujours par arriver au but désiré et faire du bien. Aussi ne tolérait-elle ni négligence, ni dissipation.

Le travail manuel n'était pas moins encouragé. Elle le stimulait de sa présence, et s'en-

tendait à faire aimer tout ce qui pouvait servir aux besoins du ménage, au soulagement
des pauvres et à l'ornement des églises. Par
contre, elle prisait peu les ouvrages d'amuse-
ment ou de fantaisie. C'est à peine si, de temps
à autre, elle consentait à les regarder sans
s'arrêter. N'eût-on eu aucun goût pour le travail qu'elle l'eût inspiré par son exemple, et
l'une des maximes qu'elle répétait le plus souvent avec une visible conviction était qu'il n'y
avait pas de meilleure manière d'imiter le Sauveur et la maison de Nazareth et de participer
à la vie intime des augustes patrons, Jésus,
Marie, Joseph. Aussi, ce qui se faisait de travaux manuels, en cette heureuse époque, était
considérable, et c'était toujours avec cet ordre
et ce soin qui sont la preuve la plus éloquente
d'une éducation vraiment religieuse.

Quoiqu'elle ne fît pas profession de s'occuper spécialement de littérature et de science,
sœur Maria en savait donner l'attrait, en faisant comprendre que le savoir rapproche de
Dieu, et que les dons de l'intelligence nous
rendent plus semblables à Lui ! Autour d'elle,
la ruche bourdonnait de travail intense ; les
nécessités de l'étude redoublaient les efforts,
et les succès qui en étaient le premier résultat
ne sont pas oubliés.

Pour opérer fructueusement, il fallait des
sujets capables de recevoir ce que la maîtres-

se pouvait donner. Dieu y pourvoyait visiblement. Le noviciat était florissant, et ce serait
une histoire fort intéressante à écrire, que
celle de cette légion de jeunes filles qui vinrent, pendant ces années toujours regrettées,
s'abriter sous l'aile si douce et si bienfaisante
de la *Sainte-Famille*. Mais, c'est là un sujet
qu'il n'est pas même loisible d'effleurer ici,
pas plus que de s'arrêter à cueillir çà et là
quelques noms sur cette guirlande parfumée,
que tressait si heureusement la main d'une
institutrice supérieure.

Quoi qu'il en soit, on ne peut s'empêcher
de penser que Dieu ait voulu entourer sœur
Maria d'âmes qui lui ressembleraient davantage pour avoir été formées par elle. Ainsi elle
pourrait plus tard, en comptant sur leur concours, agir elle-même plus efficacement pour
le bien général. Et quand Dieu se plaît à réunir les qualités du cœur et de l'esprit aux
talents et autres avantages temporels, et à verser ensuite sur cet ensemble les dons surnaturels de sa grâce, on peut dire qu'il a voulu
faire une âme privilégiée. Cette âme attire à
elle le respect universel, souvent la vénération,
toujours le dévouement.

VIII

Vers le Généralat

Sœur Maria franchissait rapidement les étapes qui devaient la porter au rang suprême. Elle n'avait que trente-cinq ans, lorsqu'elle fut appelée, en 1893, à remplir les importantes fonctions de secrétaire générale, et trente-huit ans, lorsqu'elle fut élue, au mois d'août 1896, pour prendre place comme conseillère, parmi celles qu'on appelle *Mères* dans la congrégation.

La transition d'un emploi à un autre tout différent ne fut pas pour elle un brusque changement ; des années de fervente et studieuse régularité l'y avaient préparée. Ce fut seulement une ascension trop prompte, à son gré, vers une atmosphère plus élevée, plus ouverte aux difficultés et qui déconcertait plutôt ses secrètes aspirations.

Une fois installée dans sa nouvelle obédience, elle s'ingénia moins à organiser sa vie, qu'à agir avec poids et mesure, et donner à chaque exercice sa place et son temps. Où sait-on mieux que, dans une maison religieuse, toute d'ordre, où chaque détail est fixé par la règle, qu'une vie prévoyante semble allonger les jours et donner du temps pour chaque occupation, comme une maison bien distribuée par un habile architecte, semble s'élargir et fournir plus d'espace ?

Quand le lever est toujours matinal, exact et courageux, c'est une force et comme la clef de voûte de la journée. Sœur Maria n'y manquait jamais. Elle obéissait à la voix de la cloche comme à la voix même de Dieu, et, à son premier appel, elle était debout. La prière vocale, la méditation, l'office divin, la sainte messe, l'action de grâces, longuement acquittée au milieu de ses compagnes, remplissaient les deux premières heures de chaque journée. C'étaient les prémices offertes au Seigneur, le sacrifice du matin.

Dans l'après-midi, le saint office encore, le chapelet, la visite au saint Sacrement, la lecture spirituelle, le chemin de la Croix, l'examen de conscience et la prière du soir, séparés par des intervalles qu'exigeaient les sai-

sons ou les devoirs du moment, remplissaient
les deux heures les plus favorables et les plus
recueillies de l'après-midi. Et Dieu était ainsi
l'alpha et l'oméga, disons mieux, le tout de ses
journées, qui coulaient, comme le fleuve calme
et profond, pleines jusqu'au bord. Avant tout,
les religieuses paient à Dieu la dette sacrée,
c'est-à-dire la première et la dernière, la meilleure part de leur temps. La secrétaire y apportait une fidélité matérielle et inviolable, sans
laquelle la vie, dispersée au dehors, ne se ressaisit plus et ne peut plus se retrouver. Mais,
quand, dès le début, elle a été élevée à cette
hauteur surnaturelle, elle ne descend plus ; et
l'âme une fois fixée, ne craint plus que les
mille tracas du jour et des affaires la dépri-
ment et l'accablent.

Pour retrouver la journée d'une religieuse
aussi fidèle que l'était sœur Maria, il n'y aurait
qu'à prendre en mains les constitutions et le
coutumier qui, à la *Sainte-Famille*, ainsi que
dans toutes les communautés, indiquent, instant par instant, ce qu'il faut faire extérieurement et penser intérieurement.

Cet assujettissement complet de tout l'être
humain à une règle, qui entre dans tous les
détails de la vie et qui s'empare de toutes les
puissances de l'âme, est à la fois le moyen de
sanctification le plus énergique et le plus fructueux usage de l'existence. Par là, rien n'est

livré à l'inconstance ni à l'incertitude ; on est sûr de sa route, et la volonté n'a qu'à intervenir et à déployer ses forces pour atteindre le but.

Le grand soin de sœur Maria avait été, dès le commencement de sa vie religieuse, de se plier à toutes les exigences de la règle, de s'en rendre familières toutes les prescriptions, de se les identifier jusqu'à paraître ne plus faire qu'un avec elles. Aussi se sentait-elle toujours libre et toujours prête à l'ouvrage. Rien ne lui coûtait, tant était grand son désir de se dévouer. Ce n'était pas qu'elle n'eût, tout au fond d'elle-même, quelque chose de batailleur dans l'esprit et de tranché dans le caractère. Capable d'exprimer fortement ses pensées, elle ne l'était pas moins de les soutenir avec ténacité. Les difficultés exerçaient sur elle une espèce d'attirance spontanée, parce que la vertu s'offrait avec plus de charmes dans les actes généreux.

Il est vrai que son activité et son amour du travail l'aidaient merveilleusement dans ses fonctions de secrétaire. Par goût, elle eût choisi une besogne plus laborieuse. Elle, qui aimait que tout fût propre et bien rangé, se fût employée avec une égale ardeur à la cuisine et à la lingerie, aux allées du jardin et aux galetas, à la lessive et à la basse-cour ; ou plutôt, elle n'arriva jamais à déguiser pour les

occupations matérielles une préférence marquée, qu'elle conserva jusqu'aux dernières années de sa vie.

Il faut avouer aussi, et avouer sans réti-
cence, que certaines situations sont fausses dès
l'origine, et ne se peuvent corriger. Enchaîner
l'une à l'autre la jeunesse et la vieillesse par
des rapports de supérieure à inférieure, de
tous les jours et de toutes les heures, c'est
mettre l'humaine nature à la plus rude des
épreuves. D'un côté l'élan, l'expansion, l'esprit
d'initiative, la générosité ; de l'autre, le froid
de l'âge, les rudes leçons de l'expérience, le
besoin de calme et de repos, la frayeur de
toute innovation ; ici, le caractère d'une nature
toute d'esprit et d'activité, ardente à se dépenser elle-même, habituée dès longtemps à provoquer le sourire du contentement chez le prochain ; là, un noble caractère sans doute, remarquable par la dignité, mais presque autoritaire par la ténacité ; voilà les deux extrêmes. Ils se touchent, c'est le proverbe ; ils se
heurtent, c'est la réalité ; ils se font souffrir,
c'est la vie.

C'était le cas. L'âme de la secrétaire, âme
droite et généreuse, qui avait tant besoin d'expansion et de loyale condescendance, eut souvent bien du mérite à ne pas plier sous le fardeau. Dans cette situation délicate, il ne lui
restait qu'à se replier sur elle-même, et à re-

fouler dans son cœur son besoin d'épanche-
ment, autrement dit, à s'effacer et à entrer
dans la voie du renoncement. C'est ce qu'elle
fit, mais nul ne pourrait affirmer qu'elle ne
portât en elle-même une blessure secrète, et
un ennui qui l'eût peut-être dévorée elle-même, si elle n'eût trouvé dans son dévouement
une magnifique compensation.

On a compris qu'elle était d'un caractère
tout opposé à celui de la révérende Mère Marie-Berthe, qui, elle, n'aspirait plus à vivre
que de piété. Cependant nulle sœur, plus que
Mère Maria, ne fut déférente vis-à-vis de sa
Supérieure, et ne seconda plus efficacement
son action dans le gouvernement de la congrégation. Elle regardait ses paroles comme des
ordres venus du Ciel, et c'était avec une vénération sincère qu'elle l'assistait de toutes ses
forces, soumettant son esprit et sa volonté à
toutes ses directions.

Bien que déjà chargée d'autorité, elle avait
aussi des supérieures, en qui elle regarda
toujours moins les qualités et les défauts que
la délégation d'En-Haut. Elle obéissait à Dieu.
Et cette religieuse, une des âmes les plus fières
que nous ayons connues, une des âmes les
plus jalouses de sa dignité, de son indépendance, de sa liberté de penser, s'abandonnait
dans ce qu'il y a de plus obstiné à ne pas mourir en nous, sa volonté, cette maîtresse souve-

raine et cette gouvernante de la vie. Elle pourra faire un jour cette confidence dont la dépositaire est encore toute pénétrée : « Je n'ai jamais été qu'une fois en opposition avec ma Supérieure, et je l'ai toujours regretté ».

Il lui avait été réservé de se préoccuper de l'enseignement qu'elle avait commencé à perfectionner, de la discipline, de la solidité des études, du maintien de l'unité de méthode et de la concorde entre les religieuses enseignantes. La correspondance de ce temps-là ne tarit pas d'enthousiasme : « Que d'âmes chancelantes ou découragées elle a réconfortées ! Que de vocations elle a affermies ! Que de malades elle a soulagées ! Que de sœurs éprouvées ont trouvé dans sa charité un secours inespéré ! »

Il existe encore, sur le même sujet bon nombre de notes émouvantes ou attendries qu'il n'est pas permis de ne pas citer : « Je me rappelle qu'une fois j'allai en direction chez Mère Maria. Elle était secrétaire à cette époque. Elle me parla si bien de la vie religieuse, de son utilité, de sa grandeur, de la félicité qu'elle procure, en un mot des vertus de notre saint état, qu'en la quittant, je crus être partie pour être une sainte. Je m'y voyais déjà !... J'étais encore bien jeune, c'est vrai, à l'âge de l'exaltation, si l'on veut... mais quelle force que de pareils souvenirs ! La retraite la plus fervente ne m'en procura jamais de plus efficace !... »

« Parmi les visites de nos mères, aucune ne nous faisait autant de plaisir que celle de mère Maria. On connaissait le mérite, le talent, la bonté de la nouvelle conseillère, et chacune se réjouissait de son passage comme d'un bonheur particulier. Toutes l'accueillaient avec le témoignage de la plus vive allégresse !... »

Elle-même n'avait pas été sans reconnaître bien vite toute l'étendue des obligations que lui imposait sa charge. Elle avait compris qu'au cours de ses voyages, il fallait recommencer dans chaque résidence ce qu'elle avait déjà inauguré, quand elle était maîtresse, et, avant tout, payer de sa personne, en ajoutant ou en retranchant, suivant les milieux, ce qu'exigeait une situation qui n'était nulle part entièrement semblable. Aussi, c'était partout la même conduite, quant au fond ; il n'y avait de différence que sur certains points, différence dont sa rare prudence lui faisait apercevoir la nécessité au premier coup d'œil.

Ici ou là, elle se présentait partout dans cet esprit de foi qui ne la quittait jamais, et dans cet esprit de sollicitude qui inspirait à tous les membres de la grande famille autant de confiance que de respect. Elle se faisait un devoir, et avec quelle joyeuse vivacité, d'aller d'une classe à l'autre pour voir, écouter, interroger, parler elle-même, et, donner, toutes les fois qu'elle en trouvait l'occasion, une marque d'intérêt et de bienveillance.

« Beaucoup rediront sa fermeté, sa haute intelligence, sa promptitude de décision, sa force d'âme dans les épreuves et les difficultés. Pour tout cela, moi aussi je l'ai admirée, avec le plus grand nombre de mes sœurs, mais ce n'est pas pour cela que je l'ai aimée. Je l'ai aimée pour sa bonté maternelle, dont j'ai gardé le souvenir délicieux. Toute jeune encore, et professe de la veille, je fus envoyée à L... où j'avais déjà passé quelque temps. On m'y confia la seconde classe. Je savais les élèves de cette classe tout à fait indisciplinées ; la tâche m'effrayait, et je fus prise, malgré moi, d'un dégoût insurmontable qui m'enlevait la joie et la santé. Mère Maria vint, aux environs de Pâques, faire la visite accoutumée. En entrant dans ma classe, au début d'une après-midi, elle me dit : « Vous êtes souffrante, ma fille, allez vous reposer jusqu'au soir, je ferai votre classe ». Et, durant trois heures, elle se constitua maîtresse de seconde... Le souper fini, elle vint à moi et me dit en souriant: « Je suis très contente, oui, très contente de vos élèves ; elles ont été très sages et ont très bien répondu. Avec une classe comme celle-là, vous n'avez plus le droit de vous ennuyer ! » Combien ces mots m'encouragèrent !... De fait, l'ennui se dissipa ».

C'est, en effet, par la persuasion qu'elle opérait tant de bien, et c'était dans le but d'éclairer les esprits inexpérimentés et de toucher les cœurs les plus indifférents, qu'elle mettait en œuvre toutes les ressources de son propre esprit et de son propre cœur. On se souvient avec quel zèle et quelle aptitude elle développait une leçon ou répondait aux objections. Mais elle le faisait en même temps avec tant d'aisance et de bienveillante simplicité que, même celles qui ne se rendaient pas de suite à ses raisons, ne pouvaient s'empêcher de l'estimer et de l'aimer. Il y avait une telle rondeur dans ses manières et une telle bénignité dans son langage, qu'il en coûtait moins aux dissidentes d'avouer qu'elles s'étaient trompées. Elle s'entendait, du reste, à aplanir, toutes les fois qu'elle le pouvait, la voie à l'amour-propre.

Mais d'où venait donc à mère Maria cette espèce de prestige qui accompagnait ses pas et lui attirait si promptement les sympathies ? Pourquoi souvent suffisait-il de l'entretenir une seule fois pour l'aimer toujours ? Pourquoi, même dans les rares occasions où elle était contrainte de sévir, ne pouvait-on s'empêcher de l'estimer ? C'est qu'elle possédait à un haut degré une exquise bonté naturelle, que la religion avait transformée dans son cœur en cette sublime vertu, nommée par saint Paul :

« la charité de la fraternité ». Quand, sans flatterie, on peut dire d'une personne: « Qu'elle est bonne ! Qu'elle est bonne ! » et que les cœurs, dans leur ensemble, ratifient ce jugement, on a fait d'elle un éloge magnifique, parce que c'est retracer ici-bas la plus aimable, la plus douce image du Père, qui, du haut des cieux, fait luire son soleil sur toutes ses créatures. Or, mère Maria était remplie de cette bonté inépuisable qui est la première des qualités, parce que, dit Lacordaire, « elle est celle qui nous fait ressembler le plus à Dieu Lui-même ». Vous la trouviez toujours disposée à prendre part aux douleurs physiques et morales des affligés. Comme si toutes les misères humaines se fussent ménagé un écho dans ce cœur vraiment bon et vraiment religieux, elle qui était ordinairement réservée, elle changeait de visage au récit de celles qui venaient lui exposer les blessures dont elles souffraient.

Il est de la nature de la bonté d'être communicative. Qui n'a rencontré ce caractère dans mère Maria ? « Comme ses bras s'ouvraient pour nous embrasser quand nous étions dans la peine ! Comme elle était habile à trouver ce qui pouvait nous faire plaisir ! Comme elle était heureuse, dans les circonstances plus importantes, de nous voir et de nous écouter ! »

Elle aimait à faire plaisir ; elle en saisissait ou en recherchait les occasions, et cela pour toutes indistinctement. L'enfance et la jeunesse, l'âge mûr et la vieillesse se réchauffaient également aux ardeurs de sa bienveillance ; elle pensait à toutes, elle n'oubliait qu'elle-même. Goûtez ce trait en passant : « Elle me conduisit aux examens, quand elle était conseillère. J'éprouvais pour elle une crainte exagérée... La fatigue et les émotions de la journée me rendirent réellement malade. Mais ce contretemps me valut l'occasion d'éprouver sa bonté. Ne gardant pour elle qu'un petit lit de camp, elle m'obligea à coucher dans le meilleur lit de la chambre, et, ne dormant pas, je la vis, trois ou quatre fois chaque nuit, s'arracher à son sommeil, pour venir voir si je reposais... A partir de ce jour-là, ma crainte se changea en affection filiale... Ce petit fait et d'autres semblables sont des riens évidemment, comparés aux grandes actions qui ont rempli son existence ; mais cela a contribué pour beaucoup à jeter un rayon de bonheur sur les différentes étapes de ma vie religieuse, et pour me faire aimer, comme une mère, celle qui laissera parmi nous un souvenir impérissable. Presque toutes mes sœurs en pourraient dire autant ! »

Cette bonté qui était le mobile habituel de sa conduite ne résidait pas seulement au fond de son cœur, comme dans un sanctuaire de charité et de dévouement, mais on la voyait encore s'épanouir souvent dans toute sa personne, dans la spontanéité de son caractère, la loyauté de son regard, le sourire de ses lèvres, les inflexions rythmées de sa voix faite pour le commandement, l'ouverture de son visage, l'attrait d'une humeur, qui, sans être parfaitement égale, suggérait la confiance...

A se souvenir de la maxime de saint François de Sales, « que la bonté est une des racines de la renommée, et l'aimant le plus puissant que Dieu ait mis en nous pour attirer nos semblables », on comprendra pourquoi la mère Maria exerçait une influence de plus en plus grande, et se conciliait les cœurs avec une puissance de plus en plus significative, à mesure qu'elle prenait plus de part au gouvernement de la congrégation. Toutes celles qui ont joui de sa conversation, qui l'ont consultée dans leurs doutes, qui l'ont entendue exposer ses vues ou celles de sa supérieure, ou qui seulement ont eu recours à son obligeance, comme en passant, s'accordent à attester qu'elles ressentaient, auprès d'elle, une réelle satisfaction de calme et d'apaisement, une sorte de bien-être vertueux, qui inclinait à plus de piété, de résignation et d'obéissance. Il semblait que le parfum de ses qualités allât jusqu'à embaumer les chemins et les résidences où elle passait, et que la flamme de la bienveillance qui l'animait allât jusqu'à rayonner autour de sa personne de jour en jour plus vénérée.

Encore un aveu suggestif : « Mère Maria, si je l'ai connue ? Je crois bien ! Nous étions du même temps. Hélas ! pourquoi ne pas le confesser ? Je fus même assez longtemps du petit nombre de celles, qui, tout en étant persuadées qu'elle s'acheminait inévitablement vers le premier poste, ne voulaient pas se rendre à la sagesse de ses conseils, et s'ingéniaient même à ne pas la rencontrer, certaines de ne pouvoir résister à l'ascendant moral qu'elle exerçait déjà sur nous toutes !... »

Aussi personne ne s'étonna, lorsque le 2 septembre 1897, la mère Maria devint la *Révérende Mère*, élue, « acclamée » dit une correspondante, supérieure générale de la congrégation de la *Sainte-Famille*.

IX

La Supérieure Générale

S'il eût été donné à la révérende mère Maria
de prévoir, en prenant sa charge, les événements qui devaient se succéder pendant son
généralat de vingt-cinq ans, elle aurait pu dire,
aux membres du chapitre qui l'avaient élue, la
parole que le grand et saint pape Pie X adres-
serait quelques années plus tard aux membres
du sacré Collège : « C'est une couronne
d'épines que je reçois de vous, et c'est une
croix que vous me présentez à porter. »
Elle se regarda comme investie par Dieu
lui-même d'une fonction dont l'importance
allait bientôt dépasser toutes les prévisions.
Elle prit d'une main calme et ferme les rênes
qui lui étaient remises, avec l'intention arrêtée

de continuer l'œuvre divine, et de la maintenir exclusivement sur les larges et seules solides bases de l'esprit religieux.

Pour une âme moins virile, c'eût été la veille des découragements inévitables; pour elle, ce ne fut ni une éclipse, ni un déclin, mais une aurore. Elle avait sous la main les deux forces qui forment les âmes et qui les tiennent unies: des principes d'autorité qui s'affirment et des cœurs qui se donnent. De plus, elle était bien résolue à laisser le temps et la grâce, ces deux grands ministres auxiliaires de Dieu, continuer leur mission, et préparer les esprits à la réalisation de ses desseins. La grâce, elle la chercha dans la prière et la méditation des vérités éternelles, afin de mieux fixer la raison directrice de son administration. L'expérience, de son côté, lui avait déjà appris que le temps n'accepte pas ce qui se fait sans lui, et qu'il se rit des improvisations.

Elle n'avait pas encore quarante ans. La Providence se hâtait d'utiliser la plénitude de ses forces, afin de multiplier ses mérites en multipliant ses travaux et ses souffrances. Bonne ouvrière de Dieu, elle-même déployait une activité sans égale dans les retraites, la direction des personnes et des affaires, le soin des enfants et des malades; ce qui, avec le gouvernement d'une société d'au moins huit cents professes, était plus que suffisant pour combler ses journées. Il n'en était rien ; elle trouvait du temps et de la place pour d'autres occupations ; et l'admiration succédait à l'étonnement, quand on voyait de ses yeux que sa charité exubérante réussissait à mener de front plusieurs entreprises, dont une seule eût rempli toute une existence.

Elle ne se contenta pas de diriger le travail en général ; elle s'y employa activement, entrant dans les innombrables détails d'une tâche ardue en toutes circonstances. Obligée de répondre à des questions sans cesse renouvelées, d'entretenir une correspondance considérable, de satisfaire aux cas nombreux qu'on lui exposait de vive voix et par écrit, de fixer les points de chaque mesure, de faire face à tous les embarras, de pourvoir à tout, elle travaillait avec une ardeur persévérante. Si, d'intervalle en intervalle, vous veniez à réclamer d'elle quelque service, vous la rencontriez aussitôt, toute à vous, non seulement sans marquer de surprise ou d'impatience, mais encore sans préoccupation de ce qu'elle abandonnait, avec cet air de contentement, qui vous assurait que vous ne l'aviez nullement contrariée, en venant lui prendre un temps destiné, dans sa pensée, à tout autre devoir. Elle était tellement accoutumée à courir au secours, que si on la priait de faire un pas, elle en faisait cent, et que, s'il lui arrivait d'être dérangée vingt fois dans une journée, et quelquefois pour des motifs insignifiants, elle était toujours satisfaite. Elle avouait un jour « que ce n'est pas sans peine qu'elle était parvenue à se former à ce genre de vie, et qu'elle avait senti en plus d'une circonstance, son sang bouillonner en elle-même, quand les contradictions se succédaient ; mais que, grâce à Dieu, elle arrivait le plus souvent à maîtriser ses mouvements, avant qu'ils eussent fait irruption au dehors. »

Dans le commencement qu'elle était supérieure générale, elle était, disait-elle encore, « arrêtée, distraite, empêchée par les occupations extérieures, au point de ne pouvoir ni prier, ni méditer, ni même lire ». Elle eut toujours beaucoup de difficulté à conserver le calme et le recueillement intérieur, dans le monde comme dans la solitude, dans le bruit comme dans le silence, dans l'action comme dans le repos.

Ayant à porter, avec le poids de sa dignité, le double fardeau de la tutelle de ses filles et du gouvernement de sa congrégation, elle ne se dissimulait pas l'étendue de ses devoirs. Moins encore reculait-elle devant les obstacles; elle se tenait constamment à la hauteur de sa nouvelle position, et ne consentait point à se soustraire à la moindre de ses fonctions.

Persuadée de l'importance des relations fréquentes et personnelles avec ses religieuses, elle pensait qu'aucune surveillance ne devait remplacer la sienne ; et, pour l'exercer plus complètement, elle s'imposait de visiter toutes les maisons, s'arrêtant dans les villes et les villages, partout où sa présence paraissait utile. Là, elle donnait audience à chaque sœur, recueillait les plaintes, s'enquérait des besoins et des désirs, réformait tout de suite les abus, lorsqu'elle en constatait. Aux séances de ce genre elle apportait tant d'empressement, que tout était propice, les salles et corridors, les jardins et les cours de récréation, à une de ces bonnes causeries qui faisaient la lumière dans les esprits et ranimaient le feu sacré dans les cœurs. Rien n'était épargné pour que régnât en tout lieu la bonne harmonie, et elle rendit bien des fois la justice en plein air, à l'imitation de saint Louis au pied du chêne de Vincennes. Partout elle portait cette pénétration et cette rectitude d'esprit qui formaient les traits saillants de sa haute intelligence.

Toutes les fois que les timides et les faibles lui montraient quelque confiance, c'est à elles qu'elle se consacrait en premier lieu et tout entière ; elle les écoutait avec une patience inaltérable, les consolait, les exhortait et ne se félicitait jamais plus, que lorsqu'elle avait réussi à leur procurer le bénéfice de l'impartialité ou du pardon.

Les bons résultats de ses premières tour-

nées la décidèrent à les renouveler aussi souvent que possible. Ni la rigueur des saisons, ni
la faiblesse de sa santé, ni la difficulté des
voyages, ne la dispensaient de se mettre en
route, et d'aller d'établissemnt en établissement ; et ces pieux pélerinages, toujours fati-
gants et pénibles à la nature, n'étaient jamais
perdus, parce qu'en portant la joie à ses institutrices, elle se sentait elle-même plus éclairée sur ses devoirs et plus forte pour les accomplir.

On répondra devant Dieu du mal qu'on aurait pu empêcher et du bien qu'on aurait dû
faire. La révérende mère savait, depuis son
enfance, que plus la situation est élevée, plus
la responsabilité est étendue. Aussi s'efforçait-
elle, pour la rendre moins redoutable, de bien
choisir les dépositaires de sa confiance. C'est
ainsi qu'elle appela aux fonctions d'assistante
générale mère Angélina, religieuse de grand
mérite, à l'esprit fin, au jugement sûr, au cœur
dévoué, et qu'elle distribua le pouvoir, autant
qu'elle le put, aux plus dignes et aux plus
aptes, tout en cherchant à relever dans l'estime publique chacune de ses filles.

Quand il était nécessaire, elle réprimait une
première faute avec une grande modération,
une seconde avec fermeté ; mais la récidive la
trouvait inflexible et ne pouvait plus attendre
beaucoup de son indulgence. Qui pourrait lui

en tenir rigueur ? La mission du pouvoir n'est-
elle pas de faire régner la justice et l'ordre, et
ne serait-ce pas s'exposer à la déconsidération
que d'en oublier la dure nécessité ?

A ses paroles la révérende Mère joignait l'autorité de ses exemples. L'ordre, la décence, la
piété régnaient dans les résidences. Sa sollicitude était universelle et s'étendait sans exception à tous les membres de sa grande famille.
Elle éloignait d'elles les occasions qu'elle savait périlleuses, les préservait des dangers de
l'oisiveté ou des rencontres de hasard, employait chacune suivant son âge et ses aptitudes. Ce qu'elle demandait avec instance et pré-
férablement à tout le reste, c'est que dans tous
les endroits où demeuraient les sœurs de la
Sainte-Famille, elles se fissent elles-mêmes
« reconnaître à leur vertu plutôt qu'à leur
habit ». Il n'y a pas de recommandation qui
revienne plus souvent dans ses lettres et qui
ait été plus souvent répétée dans ses visites,
que celle-ci : « vivre dans le monde comme des
religieuses, y travailler comme des pauvres, et
s'y dévouer comme des saintes ».

Que ne tentait-elle pas pour favoriser leur
mission, au prix même des plus grands sacrifices ? Ce n'est pas qu'elle fût exposée à se méprendre sur les plus solides garanties de l'instruction publique. Mais elle se fût reproché de
ne pas les chercher d'abord dans une connais-

sance plus approfondie et plus pratique de la religion. Elle écrivait à une maîtresse chargée spécialement des enfants disgrâciées de son école : « J'aime à vous apercevoir au milieu des bien aimées du Christ. Vous avez les privilégiées du Maître. Y pensez-vous ?... Oui, songez souvent que ce que vous leur enseignez d'instruction religieuse sera leur unique planche de salut à la plupart ! »

Elle n'avait rien plus à cœur que de tenir la promesse qu'elle avait faite à Dieu et qu'elle s'était faite à elle-même, le jour de son élection, de pleurer avec celles qui pleureraient, de se réjouir avec celles qui seraient dans la joie, de prendre sa large part de travail et de soucis avec toutes.

Les malades étaient l'objet d'une sollicitude spéciale. A moins d'absence, elle allait les voir tous les jours. Parmi elles, celles qui ont survécu racontent comment elles la voyaient revenir chaque jour, et souvent plusieurs fois, vers chacune de ses chères souffrantes, même après qu'elles avaient reçu les derniers sacrements, les assister de sa fortifiante parole et de ses tendres conseils, jusqu'à la convalescence ou jusqu'à la mort. Elle exigeait qu'on vînt la prévenir à l'heure de l'agonie, afin qu'elle pût les bénir une dernière fois, et souvent réciter elle-même les litanies des agonisants. Elle se préparait par là une moisson abondante que n'arrivent point à détruire les orages de la vie. Il est certains mots du cœur aux heures de deuil, qui ne s'oublient jamais, mots de consolation pour celles à qui ils s'adressaient, mots d'édification pour l'assistance.

D'autres encore, celles que la nature ou la gravité du mal, contraignaient à passer par une clinique, ont particulièrement connu ses soins touchants. Elle se tenait près d'elles pendant l'épreuve et les pressait de ne rien refuser au bon Maître. « La volonté de Dieu, n'est-ce pas ? ma fille, voilà notre prière !... Tout pour la gloire de Dieu !... Tout pour les âmes !... Jésus ne demande pas d'autre sacrifice, et c'est Lui qui vous tient sur la Croix ! »

Elle vit souvent mourir. Hélas ! quelle est la demeure humaine où la mort n'entre pas ?... on ne saurait dire quel chagrin lui causait la mort ou seulement la maladie d'une des siennes. Elle accourait alors, si elle le pouvait, pour soutenir la mourante dans son dernier combat, et ne manquait pas, avant la cérémonie funèbre, de lui adresser, devant la communauté, une suprême louange et un suprême adieu en ce monde. Sa douleur concentrée se trahissait, non par des larmes qu'elle regrettait de ne pouvoir verser, mais par la pâleur de son visage.

Au moins, la *Sainte-Famille* n'a-t-elle à souffrir que rarement de voir dispersés au milieu d'étrangers ou d'inconnus, ses membres disparus. Inhumés dans le petit cimetière de Cagny, les sœurs reposent les unes à côté des autres, à l'ombre d'une croix uniforme, et comme sous la garde encore de leurs anciennes supérieures, dont la sépulture est marquée par une croix un peu plus élevée, tout à proximité des survivantes, dont elles reçoivent les visites et les prières, en attendant la bienheureuse résurrection.

Après les infirmes et les mourantes, portion choisie du troupeau qui, dans la dernière phase de leur vie, touchent à l'éternité, et ont besoin d'être préparées pour la prochaine entrée au Ciel, sa plus grande tendresse allait à l'enfance, fleur du temps et espoir de l'avenir. Cela se comprend. Quand on ambitionne d'exercer quelque influence, peut-on en rêver une comparable à celle qui s'étend aux deux extrémités de l'existence, puisqu'il ne s'agit de rien moins que de peupler la terre de chrétiens et le Ciel d'élus ?

La révérende Mère n'était peut-être pas une catéchiste plus habile que bien d'autres ; mais, outre un zèle peu commun, elle avait hérité de son esprit d'observation et de sa sagesse une discipline vraiment ferme, qui ne lui permettait que mieux d'être, avec les enfants, aimable et bonne. « Cet esprit de disciplline, elle cherchait à nous en pénétrer les unes après les autres, et ne reculait pas devant une réelle sévérité, dès que la surveillance se laissait prendre en défaut ». C'est ainsi que fait le jardinier, qui se courbe sur des plantes jeunes et précieuses, pour les émonder avec un soin minutieux, et les préserver des insectes immondes, qui pourraient déjà les gâter et compromettre leur avenir.

Voici quelques extraits du long message qu'elle envoyait à ce sujet, à la date du 19 mars 1899. « Par vocation, mes chères Sœurs, nous sommes attachées au service des enfants. La sainte Eglise nous a fait cet honneur de nous constituer leurs anges visibles, Nous avons la charge de les garder, de les former, de les préparer aux sublimes destinées qui les attendent au sortir de cette vie. Les anges de Dieu, princes du Ciel, ne croient point s'abaisser en se dévouant à eux. C'est donc imiter les anges que de nous dévouer de notre côté à la même cause, et d'accomplir la mission préférée de Notre-Seigneur, qui a dit : « Allez et enseignez ! », c'est nous faire les instruments de sa volonté miséricordieuse, et les auxiliaires de sa bonté et de son amour... Sommes-nous toujours prêtes à sacrifier nos goûts, nos préférences, nos commodités, au bien de ces petits, et cela, aux dépens de notre repos, de notre santé, de notre vie même, s'il le fallait ?...

Tâche pénible souvent, et toujours bien ingrate ! mais n'est-il pas beau de travailler, de lutter, et de souffrir avec Jésus-Christ, notre Sauveur et notre modèle ? et en est-il une seule de nous qui ne consentirait à mourir plutôt que de se rendre indigne de sa mission ? ».

Elle a redit mille fois, et sous mille formes, presque à satiété, les mêmes enseignements. Les enfants étaient bien, à ses yeux « la culture de Dieu », et chaque âme était le champ béni, le champ précieux arrosé du sang du Sauveur, et tant de fois visité par Lui. Ce champ, elle tremblait à la seule pensée que, par négligence ou par lâcheté, il ne fût dévasté, stérilisé, pour le bien, et tristement fécond pour le mal et l'enfer. Ouvrière, que rien ne lassait, ni ne rebutait, elle aspirait à faire passer ses aspirations dans le cœur de ses filles, à les rendre intrépides, et à les mettre en mesure de couper les mauvaises racines et d'arracher les herbes maudites, qui menacent d'étouffer le froment d'or, dont les grains sont jetés dans les âmes par la main toujours ouverte de Dieu.

Ah ! les enfants ! on ne redira jamais assez à quel point elle les aimait, non pas de cet amour banal et aveugle, qui ne s'attendrit que sur les charmes de l'âge, mais de cette tendresse éclairée et forte qui s'obstine à substituer à la sève fiévreuse et troublante dont ils sont brûlés trop tôt, la liqueur purifiante, où se trempent les consciences chrétiennes. A ce point de vue, les petites filles, en particulier, se présentaient à son esprit comme la saison nouvelle, comme le printemps divin qui se lève, avec ses espoirs, où il entre plus que des promesses. C'est dans les petites filles qu'elle entrevoyait les réalités sacrées, impatientes de se produire à la lumière. Une confidence que la révérende mère Maria a faite plus d'une fois, c'est qu'à « réfléchir à l'œuvre capitale de l'éducation, tout frémissait en elle, comme si elle eût été sollicitée directement par un appel d'En-Haut ». Nous n'en sommes pas surpris. Il est bien difficile de vivre dans la société des enfants, sans s'apercevoir que leurs cœurs ressemblent à ces blés qui, après avoir long-temps vécu blottis au sillon, ressuscitent bien-tôt, sous le soleil d'avril, et qui, dans une joyeuse envolée, feront prochainement onduler sur la plaine « la verte mer de leurs épis ». O foi, ô espérance, déployez-vous sous les brises saintes qui les enveloppent et les caressent ! ô germination des âmes sous l'action divine, puissiez-vous ne pas vous arrêter ! Et vous, institutrices de Dieu, veillez pour empêcher les ouragans soudains de désoler les plantations célestes et de ravager les moissons en fleur !

Tandis que la révérende Mère s'occupait à la formation morale et chrétienne de l'enfance,

elle ne négligeait pas le travail non moins pressant de la sanctification chez ses religieuses.
Toute société organisée n'a pas seulement besoin d'un chef et d'une loi commune, qui fasse
réunir les efforts et converger les esprits vers
les mêmes sentiments et vers la même fin; elle
doit encore réserver la première place, et de
plein droit, à l'étude de la religion et à la
pratique de la vertu. La nouvelle supérieure
était si pénétrée de ce devoir qu'elle jeta quelques idées sur le papier à ce propos. Mais c'é-
tait pour elle une tâche difficile qu'elle ne fit
qu'ébaucher. Ecrire, en dehors de la correspondance journalière, lui était un supplice ; et
la composition, dans le secret de sa cellule, la
plume à la main, lui était par trop pénible. Le
pain même de la parole, n'eût-elle à le distribuer que sous la forme de quelques avis, était
pétri de ses sueurs et de ses appréhensions.
Elle se crucifiait à un simple crayon, si ce
crayon l'astreignait à une préparation plus
soignée; et elle aurait pu dire avec le père de
Ravignan, et avec infiniment plus de raison
que lui, que la rédaction de ses circulaires et
de ses conférences était sa plus dure pénitence.
Elle tenait bon cependant ; et mettant à profit
les instructions qui étaient données à la maison-mère, elle envoyait à toutes les dépendan-
ces un résumé, assez clair pour être compris,
assez détaillé pour instruire. Elle y joignait ses

réflexions personnelles, avec des allusions ou des commentaires sur les fêtes ou sur l'actualité, ou bien encore sur quelque fait propre à intéresser la communauté. On partageait ainsi les joies, les peines, les inquiétudes. On priait aux mêmes intentions; on obéissait à la même voix; on s'exhortait mutuellement au bien, en prenant ensemble de saintes résolutions, et en s'avertissant charitablement les unes les autres. « Que nous serions heureuses, mes chères sœurs, d'être toutes réunies, surtout aux jours de certaines fêtes ! Ce bonheur, tout légitime qu'il est, ne peut nous être accordé. Pour vous dédommager de cette privation, et en attendant le plaisir de vous revoir dans l'établissement où la sainte obéissance vous enchaîne, et où je me réjouis d'aller passer quelques heures auprès de vous, je veux vous envoyer quelques bonnes paroles. »

Ces bonnes paroles étaient portées par un petit bulletin qui s'en allait frapper à toutes les portes de l'Institut, toujours impatiemment attendu et toujours reçu avec un joyeux respect. Il disait, en mille manières, d'être ferventes et exemplaires dans les exercices de piété, douces dans ses paroles et ses rapports, studieuses et attentives à toutes les leçons, d'où qu'elles vinssent, charitables, complaisantes et aimables avec les compagnes, les enfants, les familles. Quand il haussait un peu le ton, c'était pour prêcher le progrès continuel dans toutes ces belles qualités, et pour supplier de les tenir cachées, autant que possible, sous le voile de la modestie. Petit bulletin, que de honheur tu as donné ! que de bien tu as fait !...

On y lisait une exposition sommaire des plus hautes vertus. « La religieuse enseignante, ne perdra jamais de vue que la sainteté lui est indispensable pour opérer son salut, et non moins indispensable pour assurer le succès de son apostolat. En effet, le plus puissant moyen de bien, c'est la sainteté ; elle sert, plus que les plus beaux et les plus éloquents discours, à attirer sur le travail les bénédictions du Ciel, et donne aux paroles, je ne sais quel charme qui touche, ravit, enlève le cœur et triomphe même des opposants »...

« La religieuse enseignante, exerçant le même ministère que les Apôtres, doit avoir un esprit et un cœur d'apôtre. Ce qui a toujours distingué les ouvriers apostoliques, c'est le zèle, un zèle de feu qui aurait voulu embraser tout l'univers. Que ce soit là l'objet de toutes vos pensées, le sujet de tous vos avis, le mobile de toutes vos actions ».

La révérende Mère passe ensuite en revue les vertus acquises, qui doivent plus particulièrement briller dans la conduite de la religieuse enseignante; et, après avoir parlé de celles qui correspondent aux vœux de religion, elle s'arrête à la pénitence. « La pénitence, qui a presque disparu de notre siècle, doit se réfugier dans le cœur de nos institutrices. Le premier des maîtres, Notre Seigneur Jésus-Christ, prêchait par ses privations et souvent par ses larmes. Tous les saints missionnaires de tous les temps ont passé dans le monde comme des hommes extrêmement mortifiés. Que chacune de vous se regarde donc comme vouée elle-même à la mortification, et qu'elle accepte, dans cet esprit, toutes les peines, toutes les fatigues, toutes les tribulations attachées à ses fonctions »...

« Mais comme l'obéissance donne plus de mérite à la pénitence que toutes les autorités possibles, souvenez-vous que la règle ne permet aucun acte de mortification corporelle sans l'autorisation des supérieures... Celles-ci agiront avec beaucoup de discrétion et ne permettront jamais de ces exercices qui pourraient nuire à la santé, sans laquelle une religieuse enseignante ne pourrait rien ».

« Qu'elle s'applique donc plutôt à la mortification intérieure, qui est la sauvegarde du cœur et la mère de toutes les vertus, suivant saint Ignace, « à la seule condition d'être continuelle et de s'étendre à toute chose »...

Vient ensuite l'abnégation qui doit faire comme le fond de sa vie apostolique, de façon à pouvoir dire avec l'Evangile : « Si quelqu'un veut venir après moi, qu'il se renonce lui-même, et qu'il porte sa croix tous les jours »...

Ce n'est pas encore assez pour une âme qui tend à la perfection : il faut de plus se revêtir de Jésus-Christ par une vie toute de foi, qui est tout à fait opposée à la vie de la nature dans ses principes, dans ses moyens et dans ses conséquences. Voilà pourquoi la supérieure générale propose pour modèle à la religieuse enseignante Notre Seigneur Jésus-Christ, dans toutes ses pensées, dans tous ses sentiments, dans toutes ses œuvres.

« C'est la mansuétude du divin Maître qu'elle essaiera de retracer envers tous, principalement envers les petites filles pauvres ou peu favorisées...

C'est sa charité qui devra régler avec une douce condescence les rapports qu'elle-même sera obligée d'avoir avec les personnes du dehors ;...

« C'est son aimable simplicité qui brillera dans toutes ses démarches et lui conciliera l'estime universelle ;....

«C'est son admirable prudence qui lui fera choisir, en toutes circonstances, ce qu'il y a de préférable pour la gloire de Dieu, le salut des âmes, et son propre avancement spirituel »...

Enfin, la révérende Mère, n'omet point de revenir souvent sur les différents exercices de la journée, et sur la manière de les accomplir. Elle relate en traits vivants l'amour et la fidélité, dont la religieuse enseignante doit être pénétrée, pour l'adorable Eucharistie et pour le Cœur de Jésus, si rempli de tendresse pour nous. Puis elle exalte la dévotion à la sainte Vierge et à saint Joseph, la sainte Famille du Ciel, le recours aux saints Anges et aux saints Patrons.

Pour retracer successivement tous ces grands devoirs, la révérende Mère s'imposait le pénible labeur de la pensée et de l'expression de sa pensée ; et pour mieux s'y entraîner, elle ne voulait y voir que les services à rendre à l'Eglise et le puissant moyen de christianiser l'enfance et la jeunesse. Par delà les quelques centaines d'institutrices à qui elle s'adressait, elle découvrait par la foi les milliers d'âmes, qu'en gravitant vers le Ciel, elles emporteraient avec elles vers les régions où réside Dieu.

Les retraites annuelles lui fournissaient une occasion exceptionnelle de se dévouer tout entière, sans trêve ni merci, à la grande œuvre qu'elle avait acceptée. Elle assistait à toutes, au nombre de trois ordinairement, pendant les vacances scolaires. Evidemment ce n'était pas elle qui en était le prédicateur ; mais c'est elle qui en était l'âme et la vie, et son absence en eût gravement compromis le succès. Du moins, on en était unanimement persuadé. Tous les esprits et les cœurs étaient tournés vers elle pendant ces jours de grâces et de bénédictions ; elle redoublait de prières et d'attention, et paraissait, à tous les yeux, encore plus recueillie, plus grave, plus chargée de responsabilité qu'à l'ordinaire.

Le surcroît de travail la forçait parfois à abréger son sommeil, et on s'en apercevait autour d'elle, dont la santé réclamait des ménagements. On s'en inquiétait dans les dernières années, sans qu'elle consentît à ce qu'on lui allégeât le fardeau ou qu'on lui mesurât la fatigue. Chaque jour, elle expliquait la règle et les constitutions dans la salle de communauté, et elle entendait, en particulier, chaque sœur qui désirait lui parler. Les abus et les irrégularités qui avaient pu se glisser dans les différentes maisons de la Société, elle les signalait avec une sage retenue; ensuite elle indiquait avec précision les réformes à apporter, et personne n'ignorait qu'elle en exigeait l'application immédiate. Les instructions du matin étaient celles qui avaient pour les sœurs le plus d'attraits. Là, dans la grande salle, elle était chez elle, comme une mère au milieu de ses enfants. Il lui en coûtait bien de parler, plus encore que d'écrire, parce que, défiante d'elle-même jusqu'à la timidité, elle ne réussissait qu'à force d'efforts à dompter ses hésitations. Mais alors la voix qui d'abord tremblait, un peu sourde et traînante, s'élevait bientôt, claire, sonore, vibrante d'émotion ; et, quand elle se laissait aller, l'improvisation jaillissait chaleureuse, ardente, convaincante. C'était le cœur qui parlait : et chaque parole allait droit au cœur de celles qui écoutaient, toujours utile et toujours goûtée.

En supérieure prudente et avertie, elle traitait les âmes selon leurs forces et en proportion de leurs besoins. Laissons parler ses filles.

Une première : « C'était un besoin pendant la retraite annuelle de se rendre en direction auprès de la révérende mère Maria, afin d'y faire la toilette de son intérieur, et de faire disparaître, avec les manquements visibles, toute cette poussière accumulée au cours de l'année. Elle aidait merveilleusement à se retremper et à reprendre une vigueur nouvelle pour la lutte du lendemain... »

Une deuxième : « Pour mon compte, je me reproche d'avoir bien des fois tracassé, plus que cela, tourmenté cette chère révérende Mère. Lui en fallait-il une dose de patience pour écouter toutes mes jérémiades ! Mais je dois dire à sa louange que je n'ai jamais reçu de sa part la moindre réflexion amère, mais toujours, au contraire, des paroles de compassion et d'encouragement. Elle s'ingéniait à me faire mieux comprendre le vrai but de la vie religieuse, l'immolation, et me répétait tout droit qu'elle ne désirait rien autant que de faire de nous des âmes fortes et bien trempées. Puis elle me congédiait invariablement par ces mots : « Allons ! du courage, ma fille ! A notre dernière heure nous ne regretterons pas d'avoir souffert ! »...

Une troisième : « L'an dernier, c'était en 1921, je l'ai trouvée plus malade, mais aussi plus parfaite. Comme, au moment de la récréation, je passais à côté d'elle, je m'approchai tout près et lui dis à voix basse : « Ma révérende Mère, vous paraissez épuisée. Et les retraites ne font que commencer ! Le va et vient des arrivantes va vous fatiguer beaucoup. Que n'évitez-vous tout ce brouhaha en allant vous reposer dans votre chambre ! » Elle me répondit posément et du ton le plus naturel : « Vous êtes bien bonne, ma sœur, mais vous savez que plus on se fatigue pour le bon Dieu, mieux on sera là-haut. La récompense sera proportionnée à nos gênes ! »...

Une quatrième et dernière : « J'hésite à dire ce que je pense des conférences pendant les retraites. Notre révérende Mère y faisait passer tout le feu de son âme, comme elle faisait passer toutes les préoccupations de son cœur dans les nominations et les changements, si pénibles à faire accepter souvent. Un jour que les départs se précipitaient, après les obédiences

déjà données pour la plus grande partie, mon
tour était venu d'entendre la sentence : « Vous
allez là... , me dit-elle, il y a du bien à faire.
Observez ceci... observez cela... et votre année
sera excellente ». Et comme j'allais sortir, elle
ajouta en appuyant sa main sur mon bras :
« Imitez votre saint patron, devenez sainte,
devenez sainte comme lui ! »; et, disant cela,
elle m'enveloppait d'un regard doux et pénétrant, qui me parut venir de l'au-delà... J'y ai
pensé, bien des fois, continue le même témoin,
car ce furent les dernières paroles qu'elle m'a
adressées. Oh ! mère tant regrettée ! Qu'elles
m'ont fait de bien et qu'elles m'ont aidée en
tout temps, en tout lieu ! Devenez sainte ! Ces
deux petits mots qu'on s'entend redire bien des
fois, sans en bien recueillir tout le sens, je les
ai toujours présents à l'esprit, et je les médite
maintenant aussi profondément que je puis ;
et, en les méditant, je crois comprendre bien
des choses... Mots d'une mère, et d'une mère
qui fut elle-même une sainte ! Si c'est là une
exagération que je fais, c'est du plus intime de
mon être qu'elle monte, et elle remplit encore
aujourd'hui mon âme de sentiments inexprimables, oui, inexprimables. Je ne sais si je me
fais bien comprendre ; toujours est-il que ce
que ce que je ressens à son endroit est si profond, que je pourrais dire, avec la bienheureuse petite Thérèse, qu'il s'agit ici de ce

choses, qui perdent leur saveur à les trop divulguer. »

Nous pourrions clore la biographie de la révérende mère Maria Legrand sur ces témoignages. Ils sont assez explicites, jusque dans leur réserve, pour déterminer la place éminente que la congrégation des religieuses de la *Sainte-Famille* se doit à elle-même de réserver, dans ses annales, à une si chère et si pieuse mémoire.

X

Le Cœur d'une Mère

Les sentiments magnanimes de la révérende mère Maria ne se démentirent jamais. Quarante-sept ans de labeur et de zèle ont prouvé à quelle profondeur ils étaient ancrés, non sur le sable mouvant, mais sur le roc solide et inébranlable. Les pieds de la jeune supérieure générale, si résolument fixés dans le parvis de cette Jérusalem qu'est la vie religieuse, ne glissèrent point sur les pentes de Babylone, dans les adoucissements malsains d'un relâchement facile. Elle resta fidèle au programme de toute sa vie.

Femme essentiellement pratique, elle ne doutait point, que tout, dans la vie, consiste dans les actes ·et dans les petites choses, et

que les velléités ne sont que prétextes à l'illusion ou à l'indolence. Aussitôt en charge, elle
étudia les moindres obligations qui en décou-
laient. Elle n'attendit pas les événements pour
déclarer publiquement qu'elle voulait, pour
sa méthode d'administration, s'inspirer de ses
vénérées devancières, et s'en tenir aux traditions des premiers temps, traditions de ferme
bonté, qui permettent de respirer librement et
répandent dans toutes les maisons les douceurs d'une saine joie. On l'y aimait déjà,
pour son intelligence et sa charité, et l'on
attendait beaucoup de son esprit d'initiative.

On sait comment elle se mit sans retard à
l'œuvre. Aucune réaction ; ou, s'il s'en produisit une, elle fut menée avec tant de tact et de
prudence, qu'elle ne présenta point, dans sa
marche, ce caractère d'empressement et d'universalité que certaines humeurs chagrines
furent seules à redouter. La nouvelle supérieure avait souffert ; mais elle n'en reconnaissait pas moins les qualités et les avantages de l'ancien régime, et ne perdait pas une
occasion de les faire ressortir. Il ne lui échappa
jamais un mot de blâme, contre celle qui fut
son prédécesseur, et jamais non plus elle ne
prit une mesure qui eût paru un désaveu des
ordonnances précédemment édictées. Ce
qu'elle crut devoir réformer, elle le fit doucement, suivant le conseil de saint François de

Sales, qui recommande de réparer « belle-
ment » ce qui paraît défectueux.

Aurait-elle pu agir autrement ? et n'était-elle
pas la première à regretter que, le bien très
réel qui se fait dans les communautés, se fasse
trop souvent à coups d'épingles ? C'est encore
un point sur lequel elle revient souvent ; ses
instances allaient jusqu'à la supplication. Une
religieuse en rend compte en ces termes admi-
ratifs : « Supérieures, qui avez eu à lui confier
vos difficultés et vos ennuis domestiques, vous
rappelez-vous avec quelle attention elle vous
écoutait ? avec quelle compassion elle vous
plaignait d'avoir affaire à des esprits de travers ? avec quelle dextérité elle trouvait un
bon côté à tout, atténuant, excusant, faisant
valoir ce qu'il pouvait y avoir de moins mal, et
finissant toujours par dire : Oh ! mes sœurs,
soyons bien maternelles ; cherchons à être
utiles et à faire plaisir ! — Nos sœurs sont
notre plus proche prochain ; allons d'abord à
elles. — Faites de vos petites communautés
des Nazareths ! »...

De son savoir faire surnaturalisé elle faisait
une arme victorieuse pour aider les âmes ; de
sa pensée, agrandie et vivifiée par l'esprit de
foi, elle voulait se servir pour étendre les
œuvres de la Congrégation et leur communiquer plus de vigueur. Dans son cœur vibrant
et explorateur des domaines les plus variés,

elle subissait comme l'attirance des difficultés. Combien de bouleversements soudains, par exemple, dont la seule idée jetait une espèce d'effroi autour d'elle, étaient entrepris aussitôt que conçus, et menés à bonne fin, donnant une toute autre physionomie à un grand établissement, transformé du matin au soir ! Et ce qu'il y a de plus remarquable dans ces interventions imprévues, c'est que, loin de nuire à ses habitudes réservées, elles ne faisaient que les rendre plus impressionnantes : son attitude grave, sa démarche, sa majestueuse prestance n'en continuaient pas moins à lui assurer ce grand air d'abbesse qui la distingua toujours. En passant par son âme, la réalité s'élargissait comme sous la magie d'une faculté enchanteresse, dont elle aurait été douée, et qu'elle eût portée partout avec elle, mais qui parfois aussi l'égara.

La *Sainte-Famille* ne deviendrait-elle pas un jour l'arsenal toujours renouvelé de l'enseignement chrétien dans toute la région du Nord, et le centre largement ouvert à toutes les petites filles du peuple, du commerce et de la moyenne bourgeoisie ? Beau rêve, trop ambitieux peut-être. Il fallut s'arrêter en chemin, devant les événements qui faillirent tuer les écoles libres. S'arrêter ! Ce ne fut point toutefois sans regrets. La révérende mère Maria voyait reculer indéfiniment, et presque sans espoir de retour, l'heure qui aurait pu rendre vivantes les généreuses aspirations de naguère, si longtemps caressées et prêtes à fleurir dans la lumière si douce et si pure de ce chaud printemps, où rayonnait la résidence d'Amiens, berceau toujours aimé, berceau toujours pleuré, sans avoir disparu.

Les trop rares manuscrits de la révérende mère Legrand portent la trace de ces premières anxiétés relatives à l'avenir. Aussitôt elle réclama des prières : « Vous n'ignorez pas, mes chères Sœurs, que nous touchons à une heure solennelle, heure qui doit décider de la vie ou de la mort des associations religieuses.

Afin de conjurer le danger, notre saint Père le Pape consacrera le monde entier au Sacré Cœur de Jésus, le dimanche 11 juin....

« Le souverain Pontife engage fortement tous les pieux fidèles à se préparer à ce grand acte par de ferventes prières. Il est de notre devoir et de notre intérêt de répondre à ce pressant appel...

« Comme prière, nous réciterons, pendant neuf jours, à partir du samedi 3 juin, les litanies du Sacré-Cœur approuvées par Rome, dont je vous envoie, ci-inclus, un exemplaire...

« Et pour rendre notre prière plus efficace, nous y joindrons la mortification. Quelle mortification ? Point d'autre, mes bien chères Sœurs, que le parfait accomplissement de nos saintes Règles, nous rappelant cette parole de nos vénérées Fondatrices : « Si nous gardons nos saintes Règles, elles nous garderont »...

« Ainsi, nous mériterons la protection de Jésus, Marie, Joseph, et, sous leur puissante égide, nous sortirons de l'orage saines et sauves ».....

Quant à ses réflexions intimes, nous les ignorons complètement. Elle les gardait comme un trésor caché, ou plutôt comme une plaie vive et secrète, car, à ces moments d'accablement qui s'abattent sur toute existence humaine, elle n'attendait d'adoucissement ou de consolations que du Ciel. Elle fermait à l'émeri le vase de son cœur meurtri, comme si elle eût craint qu'en l'entr'ouvrant, les essences si subtiles de la souffrance perdissent de leur âcre parfum.

Elle a maintenant quarante ans, l'âge où toute créature bien équilibrée sait ce qu'elle veut, où elle se sent maîtresse d'elle-même, dans la possession entière de son activité et dans la conscience de toute sa force. Elle fait le bien; elle est entourée de respect et de soumission ; elle vit dans ces lieux qui lui sont familiers depuis son entrée en Religion, et qui lui sont plus chers que sa terre natale. C'est toujours la nature ardente de la première jeunesse, éprise encore de remuement et toute bouillonnante de sève. Mais qui dira au prix de quels combats ignorés, dont elle sortit victorieuse, elle parvint à faire taire le mouvement d'un tempérament de feu et à s'enfermer dans un silence, qui parfois ressemblait à du mutisme ! La guerre contre elle-même fut-elle à ce point implacable, sans trêve et sans armistice, pour ne prendre fin qu'avec ses jours, qu'on vit sa piété devenir plus tendre, ses idées s'assouplir, ses goûts changer, ses préférences même se bouleverser, la femme vive et primesautière se transformer en une autre femme, chez qui le caractère ne fut point anéanti, mais modifié de fond en comble ?

En l'abordant, on se sent en face d'une âme énergique et en pleine possesion d'elle-même. Le regard est limpide ; le visage est très franc. L'un et l'autre révèlent cette intégrité, dont le rayonnement illumine, par delà les frontières de la matière ; la physionomie, provoque la sympathie et inspire la confiance. Qu'elle se tienne à distance des joies sensibles et qu'elle bride vigoureusement ses sens, on ne le peut mettre en doute. Mais nous ne voyons pas qu'elle se soit ingéniée à leur imposer le dur traitement qu'un sage directeur n'eût pas approuvé, et que la règle n'autorise pas. C'est le devoir rigoureux du corps enseignant de réserver toutes ses forces à sa rude tâche. Mais parce que la chair ne porte pas de cilice et que les bracelets de fer ne labourent pas les poignets ; parce que, la nuit, on ne se relève pas pour prier devant le Tabernacle et que l'oraison n'est pas suivie de ces flagellations qui ensanglantent le corps ; parce qu'on use des aliments qui sont servis, mais avec une sobriété qui, passant par-dessus la réserve, s'approche du dédain, il ne s'ensuit pas que la pénitence soit reléguée au rang des superfluités.

Une sœur a pu écrire à ce propos de la révérende mère Maria : « Sans elle, j'aurais mal tourné. Je doutais de tout et de toutes mes compagnes. C'est elle qui m'a sauvée du désespoir que me causaient ces doutes ; car jamais je n'ai pu la soupçonner un instant de ne pas être convaincue de ce que je lui voyais pratiquer. Je n'ai jamais observé en elle le moindre laisser-aller ».

La mortification est une vertu qui adopte toutes les formes. Une supérieure, et une supérieure de congrégation plus que toute autre, est une personne qui ne s'appartient plus. Elle a abdiqué la propriété de son temps, de son travail et même de ses préoccupations. Chaque sentier, dans son existence, est ouvert aux âmes dont elle doit consoler les tristesses, adoucir les amertumes, et encourager les élans. Pareille à l'infortuné Œdipe, apparaissant sur le seuil de son palais, devant la foule qui l'assiège, et qui pleure, parce que la peste est là qui la désole, elle peut dire : « Chacune de vous ne souffre que pour elle-même ; mais moi je souffre dans mon cœur pour vous toutes ». Cette solidarité divine, qui unit ses affections aux affections du prochain, était tellement naturelle à la révérende Mère, qu'elle faisait siennes les angoisses qui lui étaient révélées. Elle s'adresse ainsi à l'une de ses filles, en l'envoyant dans un poste redouté : « Je ne sais trop ce qui vous attend à E... Par ce que vous appelez une délicate attention, j'ai tout simplement voulu vous faire entrevoir d'avance ce que sera probablement votre vie de demain, afin que vous soyez plus forte pour l'accepter. Lorsque ce sera trop dur, informez-moi, afin que je puisse partager vos tristesses et prier pour vous ».

Sous une enveloppe qui paraissait quelquefois austère, se cachait un cœur d'une tendresse souveraine. La pensée, que celles qui l'entouraient étaient atteintes d'une souffrance quelconque, devenait pour elle une véritable douleur.

Comme elle s'efforçait alors de consoler, là où la consolation était possible, de réparer ce qui manquait, de compatir au moins, par une visible sympathie, à certaines blessures qui ne se ferment jamais ! « L'âme visitée par l'épreuve n'avait qu'à s'adresser à elle. Ce n'était jamais en vain. Conseils, instances, supplications, rien n'était épargné pour relever et rendre confiance. Si sévère à l'indépendance, si tendre à toute détresse ! »... « En face d'une grande misère, elle remuait ciel et terre pour la soulager, et elle n'était contente qu'après en avoir trouvé le moyen. Et avec quel sourire elle venait l'indiquer et l'offrir ! Je le sais par expérience... Non, il n'y avait pas une douleur physique ou morale, à laquelle elle n'essayât de porter remède !... »

Pour qu'on ne devinât pas toujours ce qu'il lui en avait coûté de combinaisons, de démarches, de privations, elle s'entourait de ruses savantes ou naïves. « On ne s'en apercevait jamais mieux qu'à ces moments si amers, où le caractère est aigri et le cœur meurtri. Voilà une déclaration qui vous fait sourire, ma chère Mère ! Parce que vous me voyez généralement gaie, vous vous figurez que mon ciel est toujours bleu, et qu'on arrive à cinquante-sept ans sans avoir subi de mauvais jours ! Quelle erreur est la vôtre ! J'ai beaucoup souffert dans ma vie, en général, beaucoup souffert aussi dans ma vie religieuse, depuis la sécularisation surtout. Il m'est arrivé des tours comme à nulle autre. Vous les énumérer serait la meilleure manière de vous convaincre, mais à quoi bon ? Dieu les connaît et c'est Lui qui récompense. Ce que je veux dire seulement, c'est que je connais à peu près tous les genres de douleurs, les heures d'angoisse, les crises affreuses, les combats terribles, qui faisaient dire à notre mère Angélina : « J'ai rarement rencontré une âme aussi éprouvée que la vôtre ». Une âme, éprise de surnaturel, en eût profité pour s'élever à un haut degré de perfection. Hélas ! cette constatation là ne contribuait qu'à me rendre plus insupportable ; et en effet, toute autre que notre révérende Mère Maria ne m'eût pas supportée. Elle, cependant, m'excusait, me pardonnait, m'encourageait, m'inspirait de nouvelles et fortes résolutions, avec un désintéressement absolu, comme si elle avait vécu dans des sphères supérieures à tout égoïsme ! »

Elle y vivait en réalité. Or ce qui donne de la valeur à une vie, c'est la valeur de l'idée qui lui sert de flambeau. Ne pas aller à l'aventure, voir clairement le but, diriger vers là les énergies de son esprit, de sa volonté et de son cœur, de telle sorte que la route se dessinant toute droite, on la suive sans détour et sans incertitude jusqu'au bout, voilà la condition nécessaire pour assurer la beauté et la fécondité de son existence. A la base des renommées éclatantes, les portant et les soutenant, il y a une idée dominante ; à la racine des saintetés les plus pures, il y a ce germe, une idée nette, d'où est sortie la plante aux fleurs parfumées et aux fruits savoureux. La révérende mère

Maria doit la plénitude de ses mérites à son esprit de foi.

Dès le premier âge, elle se tourna vers Dieu. Lointaine d'abord et voilée, la voix du Maître se fit, avec les années, plus claire, plus pressante, plus impérieuse ; nous ne disons pas pour cela, plus caressante et plus suave, car elle n'arriva point à étouffer entièrement un vieux levain de scrupules toujours renaissants. Au milieu de ces tortures intérieures, elle n'allait à Dieu que par la foi; la foi, non seulement de tête et théorique, mais la foi du cœur, la foi pratique qui ne dévie point dans les conclusions, qui transfigure les faits les plus vulgaires et étend jusqu'à l'infini l'influence d'une action, perdue dans les mille détails d'une journée commune. Telle fut la foi de la révérende mère Maria. Monseigneur Dupanloup, qui s'y connaissait, disait un jour au sujet d'un de ses amis qui venait de mourir : « La foi dominait tout en lui avec une onction pénétrante. » On peut appliquer cette parole à la supérieure de la *Sainte-Famille*, et ajouter cette variante : « La foi dominait tout en elle avec une force constante et inébranlable. »

Le juste qui vit de la foi, comme le demande Saint-Paul, ne confie la direction de son être ni à la sensibilité, ni à l'humeur, ni à l'imagination, ni même à la volonté seule, mais à la foi qui étend sur toutes ses facultés un sceptre d'autant plus glorieux, qu'il est moins discuté. Il a pour lui, dans sa conduite, l'énergie, et aussi la confiance en cette énergie qui tient bon contre les assauts du dehors, autant que contre les défaillances et les lâches capitulations du dedans. Ayez le sentiment de l'honneur, l'amour du devoir, l'amour de la justice, la loyauté, l'âpre désir de grandir dans le progrès intellectuel et moral, que serez-vous sans la foi ? Et, sans la foi, quelle auréole vous couronnera de sa magnificence dans le déploiement superbe de vos facultés ? Si les siècles se rencontrent dans une unanime louange à la volonté et à l'action, à l'esprit et au cœur, ils ne s'inclinent vraiment que devant la foi.

La révérende mère Maria ne sacrifia rien de ce beau programme de vie surnaturelle qu'elle s'était tracé, avant même d'entrer à la *Sainte-Famille*. Nulle part elle ne serait passée inaperçue. Distinguée, elle n'avait cependant pas cette facilité de manières et d'élocution qui plaisent singulièrement. Elle parlait peu, avons-nous déjà eu l'occasion de remarquer, et toujours d'une façon réfléchie. Il lui arrivait même, dans certains cas plus épineux, de ne pouvoir articuler que des monosyllabes, entrecoupés de fréquents soupirs, pendant que les yeux se portaient en haut, comme vers quelque image invisible. C'était même par sa réserve qu'elle s'imposait, et qu'elle s'imposait si bien, qu'elle laissa plus d'une fois à son interlocuteur l'impression qu'elle aurait pu lui en remontrer.

Tenait-elle opiniâtrement à ses idées, comme on le lui a reproché ? Pas le moins du monde. Autant elle avait un juste souci de son autorité, autant elle faisait bon marché de son opinion. La défiance d'elle-même était si grande, qu'elle en paraissait quelquefois un peu gauche et très timide.

Loyale avec cela, autant qu'on peut l'être. Une erreur était aussitôt rectifiée que découverte. « Elle avait peine à croire des choses exagérées. Quand on avait réussi à la tromper, elle n'acceptait pas facilement non plus les explications susceptibles de lever ses doutes, dans la crainte d'être entraînée à une seconde méprise. Mais dès qu'elle découvrait la fausseté ou la mauvaise intention, elle était si affligée de sa crédulité, qu'elle ne craignait pas de s'humilier devant l'accusée, et de lui dire : « Oh ! ma pauvre, comment ai-je pu croire pareille chose ? Je vous ai fait souffrir beaucoup, dites ; mais croyez bien que c'est sans le vouloir. Excusez-moi, je vous en prie, et ne me tenez pas rigueur. »

Peu portée par tempérament aux confidences et aux épanchements profanes, elle ne s'épanouissait parfaitement qu'au sein de sa famille religieuse. Non seulement elle apportait sa quote-part aux récréations ; mais là, elle était chez elle, le front serein, les yeux animés, écoutant tour à tour, ou parlant avec simplicité, parfois avec une certaine animation, et passant du sérieux grave au sérieux plaisant, et de la franche gaieté à l'émotion la plus poignante. C'est au milieu de ses filles qu'elle donnait le plein de son esprit et de son cœur, et jamais ailleurs. Ses filles, de leur côté, à la voir et à l'entendre, si simple et si bonne, respiraient plus à l'aise, comprenant mieux de quoi étaient faites les qualités de son âme et dans quel sol elle puisait la sève religieuse. La chaleur de son cœur, la vivacité de son intelligence, aussi bien que la discrétion et l'ampleur de son zèle, l'énergie et la ténacité de sa volonté leur étaient garants d'une paix assurée, dans laquelle elles se reposaient délicieusement.

Quelle mère ce fut ! et qu'il est bon de la revoir dans les réunions intimes qui se formaient autour d'elle ! Elle y apportait ses travaux d'aiguille, et plus souvent de tricot, et elle les continuait tout en versant dans la conversation le tribut de son esprit et de sa spontanéité. Son seul maintien ou la réprobation de son silence étaient compris des esprits légers. Les langues se surveillaient. Les plaisanteries peu charitables, les anecdotes assaisonnées du sel de la médisance expiraient sur les lèvres. Dans le doute, tous les regards se tournaient vers elle et semblaient implorer une direction. Fallait-il rire ou se rembrunir ? Si elle ne disait rien en la circonstance, elle promenait lentement sur l'assemblée son regard, souriant ou assombri, suivant les cas, et l'incident était clos.

Par ailleurs, elle ne répugnait pas toujours à une de ces bonnes leçons qui font époque dans une vie. En voici un exemple. « Notre chère et vénérée Mère n'était pas souvent prise au dépourvu. Malheur à qui s'oubliait ! Elle intervenait bien vite pour vous faire pratiquer la simplicité, l'humilité qui venait dans l'humiliation même. Pendant la période de mon second noviciat, on nous donna, certaines vacances, un devoir à préparer. C'était la mode dans ce temps-là ! Chacune devait mettre par écrit son appréciation sur un plan d'études, préparé et établi par celles que nous appelions entre nous, non sans quelque malicieuse espièglerie, nos *chères petites mères*. C'est là un point que j'ignorais alors. Si je l'avais su, je me serais certainement tenue sur mes gardes. Mais allez donc ! Ai-je pensé que ce fameux plan avait été rédigé par quelque inspecteur qui n'avait jamais enseigné ? Peut-être. Mais ce que je ne saurais oublier, ce sont les critiques que je n'avais pas ménagées dans ma dissertation. Telle matière n'était pas à sa place ; telle autre était trop vaste. — Que

venait faire ce chapitre sur l'orthographe au
beau milieu d'une leçon de grammaire ? —
Et pouvait-on manquer de bon sens, au point
de soumettre de pareilles questions à des
petites filles de douze ou treize ans, comme si
on avait affaire à des bachelières ? — Et pourquoi ne fait-on même pas allusion à tant
d'autres , beaucoup plus importantes pourtant ?... etc., etc. Bref, je m'en étais payée avec
ce que je regardais comme un éreintement en
règle. Mais quelle ne fut pas ma stupeur, quand
j'entendis quelques jours après, notre révérende Mère me dire de son ton le plus solennel:
« Ma Sœur, nous allons nous réunir dans la
salle du noviciat, et là vous nous ferez la lecture
de votre chef-d'œuvre ! » J'étais ahurie, pétri-
fiée. Cela ne dura qu'un moment, mais encore
une fois, je n'en revenais pas. Je repris mes
sens ; et, l'heure de l'exécution venue, ce fut
devant une assemblée de trois à quatre cents
institutrices que je dus me soumettre tant
bien que mal. Si l'on rit à mes dépens ? ce
n'est pas à dire. Et voilà ce qu'il en coûte de se
croire habile critique, et auteur plus capable
que celles mêmes à qui l'obéissance avait
demandé un travail de composition ! Mon supplice fini, je levai timidement les yeux, satisfaite, malgré tout, d'avoir bu jusqu'à la lie le
calice d'ignominie, quand j'aperçus la bonne
figure de notre révérende Mère qui souriait

malicieusement. Je me jurai, mais trop tard, que l'on ne m'y prendrait plus ! »

Quoique sa vie se passât loin des siens, elle leur était fort attachée, et ressentait vivement toutes leurs peines et toutes leurs joies. Elle accourait auprès d'eux dans leurs tristesses et leurs deuils, mais ne s'attardait point à goûter les douceurs d'un séjour tant soit peu prolongé. Elle aurait pu dire après le divin Maître : « Ne savez-vous pas que je me dois tout entière aux intérêts sacrés qui regardent les intérêts de Dieu et le bien des âmes ! » Elle était trop pressée par la sollicitude de sa vocation pour s'arrêter aux fêtes même légitimes de la terre. Quand elle passait dans le voisinage, elle s'accordait seulement la satisfaction de faire, de temps à autre, au foyer paternel, une plus ou moins courte apparition, toujours marquée par l'édification de sa parole et de ses exemples. Une sœur nous transmet ce récit :

« L'éloignement, la séparation lui furent toujours très pénibles. Le départ de son plus jeune frère aux colonies, comme soldat ; celui de son autre frère, Oblat de Marie, nommé chapelain à Montmartre, lui furent fort sensibles. Dans la soirée qui suivit l'éloignement du révérend Père, elle me fit asseoir auprès d'elle, et me pria de lui lire quelques pages de la vie du vénérable Théophane Vénard : « Lisez, me disait-elle, lisez ; cela me fait du bien ! ».

Elle n'eut pas la consolation de fermer les yeux à sa mère qu'elle aimait tendrement. La lettre suivante en explique le motif. « Un acte de sa vie, que j'appellerais volontiers héroïque, montre clairement jusqu'à quel point notre révérende mère Maria poussait l'esprit religieux et l'oubli d'elle-même. Elle était attachée à sa famille par toutes les fibres de son âme ardente et affectueuse. Or, elle fut appelée un jour auprès de sa mère gravement malade. Par une coïncidence déplorable, il se trouva que la supérieure de la maison, où nous étions institutrices toutes les deux, était elle-même alitée, atteinte d'une bronchite aiguë. Comment la quitter en si fâcheux état? Sœur Maria hésitait; elle ne consentit à partir qu'après que je lui eus promis formellement de lui envoyer des nouvelles bien exactes de notre propre malade. C'est ce que je fis. Et comme les prévisions du médecin n'étaient rien moins que rassurantes, je crus de mon devoir, en écrivant, de dire la vérité, et de faire part de nos inquiétudes. S'arrachant aussi à la tendresse de sa famille éplorée, notre collègue revint en hâte auprès de nous pour joindre ses soins aux nôtres... Notre supérieure guérit ; elle vit encore à l'heure où je vous raconte ce trait touchant. Mais sœur Maria eut le profond chagrin de ne pas recevoir le dernier soupir de sa mère, qui mourut en son absence ». Peut-il être plus grand sacrifice dans la séparation ? et n'est-ce pas le lieu de redire que la révérende mère Maria, si tendre et si dévouée à sa famille naturelle, n'aima rien plus après Dieu, que sa famille religieuse ? »

Cette famille religieuse, elle eut la sainte passion de la maintenir sur des bases solides, et le principal office de sa charité fut de lui conserver à tout prix le trésor de l'union et de la paix. C'est au respect des constitutions qu'elle demandait ce grand bienfait. Or, les constitutions, bien adaptées au but de l'Institut et honorées depuis 1875 d'un bref laudatif, lui avaient procuré presque un siècle de paix, de ferveur et de prospérité. La famille avait beaucoup grandi ; et la forme qui avait suffi à son adolescence et à sa jeunesse, suffirait également à sa maturité, pourvu que, dans toutes les maisons dépendantes, qui s'étaient fondées, au milieu des devoirs et des besoins nouveaux, parmi les incertitudes à fixer et les lacunes à combler, elle restât fidèle à la règle et aux traditions.

La révérende Mère, qui aimait les situations nettes et la plénitude du droit, revenait sans cesse sur la question capitale : « Par nos vœux de religion, mes chères Sœurs, nous avons contracté des engagements sacrés ; nous nous sommes données entièrement, sans réserve, pour toujours, avec notre corps et notre âme, avec nos forces, nos facultés, notre vie même.

Sommes-nous assez fidèles à ces engagements, assez généreuses pour surmonter les difficultés que l'ennemi suscite à notre bonne volonté ? Ne nous arrive-t-il pas de nous reprendre, de chercher à dérober à Dieu quelques parcelles de cette offrande que nous lui avons faite ? Est-ce que nous ne marchandons pas avec Lui, lui donnant tout juste ce que nous ne pouvons lui refuser, et nous laissant aller à toutes sortes de manquements, que nous qualifions de légers et que notre conscience nous reproche à peine?.. Ne savons-nous pas que ces manquements, que nous qualifions de légers, sont de vraies *infidélités*, qui offensent et qui blessent le Cœur de notre divin Maître, et seraient de nature à tarir la source de ses grâces, si nous ne faisions aucun effort pour nous corriger ? Examinons-nous bien sur nos *saintes Règles*. Quel cas en faisons-nous ? Comment les observons-nous ? Ne laissons-nous pas s'éteindre, ou du moins s'affaiblir cette lumière de la foi, qui brillait d'un éclat si vif au début de la vie religieuse dans notre Institut ? »....

Une autre fois, elle élevait la voix sur un ton plus ferme, et c'était pour répondre à un vague murmure de sévérité. Quelques-unes chuchotaient, en effet, qu'il serait à propos d'atténuer les prescriptions déjà strictes de l'obéissance, plutôt que de les rendre plus étroites encore. « Non, non ; nous sommes Religieuses, non pour reculer, mais pour avancer !... C'est tout notre honneur, mais c'est aussi tout notre devoir !.... On ne peut pas, on ne doit pas tout laisser aller ; et je ne consentirai jamais à ce qu'on affaiblisse les seuls liens solides qui nous unissent entre nous, comme ils nous unissent à nos premières Mères. »

Sous chaque mot on sent battre le cœur d'une Mère sage, qui tente les plus grands efforts pour assurer à ses enfants la sécurité de l'avenir avec les bénédictions de Dieu, et il y a là une marque de cette tendresse sans mesure qu'elle professait pour toute sa famille religieuse et qu'elle portait à chacun de ses membres. Elle n'eut qu'un défaut peut-être, celui d'une parole qui se faisait dominatrice quand il était nécessaire, et d'une fermeté invincible et que rien ne faisait fléchir. Mais quelle sœur ne l'excusera, si elle veut bien réfléchir que la bonté sans la force n'est que faiblesse, et que la force maintient et conserve, tandis que la faiblesse énerve et dissout. Dans la tempête qui s'annonce menaçante et effroyable, toute proche déjà, ce n'est pas la faiblesse, cette pitoyable moisissure des âmes, qui sauvera du naufrage la frêle barque qui porte la congrégation de la *Sainte-Famille* et ses destinées.

XI

La Loi sur les Associations et la Sécularisation

La loi du 1ᵉʳ juillet 1901, relative au contrat d'association, et complétée, au point de vue de sa mise à exécution, par les décrets en date des 1ᵉʳ juillet et 16 août 1901, imposa aux congrégations des conditions nouvelles, strictes, draconniennes, injustes. Ces conditions peuvent se résumer en ces quatre points : « 1° Aucune congrégation religieuse ne peut se former sans autorisation, donnée par une loi ; 2° aux congrégations existantes au moment de la promulgation de la loi du 1ᵉʳ juillet, et non antérieurement autorisées ou reconnues, sera imparti un délai de trois mois pour solliciter leur autorisation par une loi ; 3° celles qui, dans ce délai, n'auront pas fait toutes diligences

pour régulariser leur situation, seront considé-
rées comme dissoutes et réputées illicites, et
tomberont sous le coup de dispositions pénales,
si elles ne se sont pas préalablement dispersées ; en outre, qu'elles soient dispersées ou
non, il sera procédé, dans les conditions
prévues par la loi, à la liquidation des biens
détenus par elles ; 4° sous des peines détermi-
nées, il est interdit à tous les membres d'une
congrégation non autorisée de diriger un
établissement d'enseignement, ou d'y donner
l'enseignement ».

C'est à la faveur de ces quatre articles,
qu'allaient se succéder, avec une sûreté im-
peccable, les coups les plus terribles, que la
religion ait jamais reçus en France. La guil-
lotine n'est pas plus répugnante, mais elle va
moins vite. On aurait pu écrire à l'avance, rien
qu'à déduire avec logique les conséquences
qu'un sectarisme hypocrite venait d'ériger en
loi, la série d'événements qui devaient s'en-
suivre, avec une rapidité qu'on s'obstinait peut-
être à ne pas assez redouter. Ce que l'on voulait, et ce que l'on veut toujours, c'est briser
le lien sacré qui nous rattache à Dieu, et saper,
jusque dans ses bases profondes, l'inexpugna-
ble citadelle, l'Eglise catholique.

Les plus aveugles furent bien forcés de s'en
apercevoir, quand bientôt vint la discussion.
Tout fut dit et mis au grand jour sur la na-

ture même du débat, qui n'apparut pas plus fondé en justice qu'en vérité. Avec une foi ardente et un talent au-dessus de tout éloge, des hommes comme Jacques Piou, Denys Cochin, Albert de Mun, livrèrent la bataille, l'éternelle bataille en faveur de la liberté contre le despotisme, et du pouvoir spirituel contre l'esprit laïque de la Révolution.

Les lois de notre pays, en effet, permettent parfaitement à la vie chrétienne de s'y épanouir dans son harmonieuse complexité. Les religieux et religieuses n'y sont pas plus des parasites que des millionnaires. Il n'y a pas non plus, entre les « réguliers » et les « séculiers » cette antinomie irréductible, dont une presse de mauvaise foi a toujours tenté de faire accepter la légende. Tous vivent du même pain, qui est celui de la charité, mais ils ne le mendient ni les uns ni les autres, car tous travaillent à des œuvres qui, malgré leur surnaturel caractère, méritent, elles aussi, leur salaire. Tous sont solidaires, ils font partie d'une seule et même association. Elle s'appelle l'Eglise. Ce n'est pas une société secrète. Elle vit au grand jour, mais sous une constitution que l'Etat se refuse à reconnaître. C'est l'Eglise qu'on a menacée par une pareille loi; il ne faut pas se lasser de le redire. Mais quand religieux et religieuses s'en vont, la persécution commence. Du moins, s'ils devaient périr, nous ne consentirions jamais à laisser croire à nos oppresseurs que, le couteau sous la gorge, nous n'apercevons pas ce qu'ils cherchent, nous égorger !

Ils ont beau s'en défendre, les choses ont une logique implacable, et les faits parlent et crient la vérité ; et la vérité est que, sous prétexte d'établir une fois pour toutes le régime des associations, députés et sénateurs de la majorité entendirent supprimer purement et simplement une catégorie spéciale d'associations, les congrégations religieuses. L'un d'eux osa leur en faire le reproche du haut de la tribune. Après avoir démontré, avec la science d'un jurisconsulte éprouvé et la tristesse d'un libéral déçu, qu'une telle loi ne pouvait pas être une réforme sérieuse, Renault-Morlière, député de la Mayenne et républicain de vieille date, conclut son discours par ces mots indignés : « Vous n'aboutirez qu'à l'arbitraire, à la spoliation, à la proscription... Ce n'est pas une œuvre législative que vous voulez faire, c'est une œuvre de haine, une loi de combat. Vous allez déchaîner la plus effroyable des guerres, la guerre religieuse ! »

Une assemblée, qu'eût animée le moindre sentiment de justice et de liberté, aurait écouté ce langage. Mais elle ne connut pas ce souci, et le rapporteur ne craignit pas de déclarer, devant le Sénat, qu'il s'agissait d'une loi de châtiment, c'est-à-dire de vengeance. Voilà le but avoué, se venger de la France chrétienne, et châtier les congrégations, dont les écoles jouissaient de la confiance des familles, et témoignaient de la supériorité de leur éducation sur l'éducation universitaire.

Cet attentat révoltant, on essaya de le justifier au nom de la liberté. La liberté, soit ! mais alors la liberté pour tous ! Donc, la liberté pour les ordres religieux, comme pour la franc-maçonnerie et l'union socialiste !

Mais non ! aux uns, toutes les franchises, et aux autres toutes les prohibitions ! Liberté aux démolisseurs de la religion et de la propriété ! Contrainte et restriction pour les apôtres d'une action sociale de respect et d'ordre ! Défense même à des religieux, séparés du monde, de vivre, de travailler, de prier en commun, de s'aider les uns les autres, à réaliser, dans leur vie, cet idéal de beauté morale que la foi leur a révélé !

Ce qui souffrirait le plus dans cette crise redoutable, ce n'était pas l'Eglise, mais le pays lui-même. La *Revue des Deux-Mondes*, qui ne se donna jamais pour mission spéciale de préconiser les intérêts catholiques, en fit judicieusement la remarque dans l'entrefilet suivant :

« Les associations religieuses prient ; apparemment, ce n'est pas un crime.

Elles chantent, jour et nuit les louanges de Dieu ; il ne semble point que cela soit subversif.

Elles enseignent ; si elles enseignent mal, tant pis pour elles, leurs maisons resteront vides ; si elles enseignent des choses mauvaises, contraires aux lois, l'autorité publique est là pour les en empêcher et fermer leurs écoles. Elles ont la confiance des familles, qui leur amènent en grand nombre leurs enfants ; c'est peut-être une faute grave, mais elle est, en tout cas, une de celles qu'on n'avoue pas, et qui n'autorisent rien.

Les associations religieuses offrent un asile aux âmes blessées, meurtries ; prétendrait-on qu'il n'en existe plus dans ce monde ?

Elles prêchent la foi dans le Christ ; elles apprennent que cette légende qui a, dit-on, bercé notre enfance, est la réalité qui doit guider notre vie, la suprême espérance qui doit relever à notre mort les affres et les grandes angoisses de l'au-delà ; voudrait-on fermer la bouche à ces apôtres de la justice et de la charité, comme on la ferme à des charlatans qui trompent et démoralisent le peuple ?

Elles secourent les pauvres et les misérables, les nourrissent, les abritent, pansent leurs plaies, si affreuses soient-elles, guident les aveugles, tâchent de faire parler les muets, recueillent les paralytiques, sont au lit des pestiférés et servent les lépreux ; — craindrait-on qu'elles ne fissent ainsi une intolérable concurrence à la nouvelle religion prêchée de si haut ?

Ces œuvres admirables, les congrégations religieuses les accomplissent parce qu'elles sont congrégations religieuses, c'est-à-dire, parce que leurs membres vivent en commun. Supprimez le lien, et supprimez la vie commune, il n'y a plus rien, plus de congrégations, mais aussi plus d'œuvres ».

Le principal auteur de la loi infâme, Waldeck-Rousseau lui-même, malgré toute son éloquence de grand avocat d'affaires, fut obligé d'en convenir. « On a vanté, dit-il, les services rendus par les congrégations religieuses ; on a montré quelle somme de bienveillance elles représentent, on a rappelé celles qui assistent les malades, qui recueillent les orphelins, les vieillards et les infirmes ; et. parlant de celles qui vont dans l'Extrême-Orient et dans les contrées les plus lointaines porter leur foi religieuse, on n'a pas manqué de faire valoir que, du même coup, elles servent la cause de notre expansion nationale Sur ce point, on peut aisément triompher, car on ne rencontrera d'*objections ni de la part du gouvernement, ni de la part de la majorité républicaine de cette assemblée.* »

Que signifiait ce langage du président du Conseil ? et quel était donc le crime de ces Français et de ces Françaises, contre lesquels il préparait avec tant d'acharnement une loi d'exception et d'ostracisme ? Il avait bien, peu de temps auparavant, formulé contre eux, deux griefs principaux : l'un économique, constitué par le développement de la main-morte religieuse, et l'autre politique, créé par l'enseignement qu'ils donnaient.

Mais il devint bien vite évident pour tout esprit impartial, que le péril économique n'était qu'une accusation vague, imprécise, lancée à la légère dans le public, dans le but d'effrayer les âmes simples et servir d'épouvantail. Le ministre avait fait mieux. Pour donner un corps à ce fantôme de la « main-morte », il avait dénoncé à Toulouse, le *milliard* des congrégations. Or, il fut établi, dans la suite, que les évaluations du fisc étaient de pure fantaisie, et l'enquête de Caillaux — non suspecte, celle-là ! — fixa à 435 millions la valeur des biens possédés directement par les congrégations. Le fantôme était déjà dégonflé de plus de moitié.

Il y a plus. En divisant l'avoir immobilier total des communautés religieuses, enseignantes, hospitalières, contemplatives, entre tous leurs membres, on arrivait, pour chacun d'eux, à une quote-part personnelle, d'environ

3800 francs en capital, c'est-à-dire à un revenu annuel de 114 francs en rente française, soit, ou à peu près, *trente-et-un centimes* par jour. Et c'est avec ces 31 centimes de revenus quotidiens, que les congrégations élevaient gratuitement des milliers et des milliers d'enfants, et donnaient leurs soins à des milliers et des milliers d'orphelins, de vieillards, de malades et d'infirmes !

Tout aussi vain était le péril politique. Waldeck-Rousseau reprochait aux religieux de faire, par leur enseignement, deux jeunesses, deux Frances, comme si le triste rapporteur de la loi, Trouillot, un de leurs anciens élèves comme bien d'autres, dans les situations publiques et jusque dans le Parlement, n'avait pas été de l'autre côté de la barricade. Si leur enseignement laissait tant à désirer, d'où vient donc qu'il triomphait avec tant d'éclat, dans les premières écoles de l'Etat ?

A vrai dire religieux et religieuses n'avaient qu'un crime à leur passif, celui de *faire mieux* que leurs ennemis, d'élever si bien les petits Français et les petites Françaises que leurs écoles regorgeaient d'élèves, de pratiquer si authentiquement la charité qu'ils accaparaient les sympathies, de donner l'exemple de si réelles vertus, que le peuple demeurait ou redevenait chrétien, rien qu'à leur contact.

Mais, c'est le peuple précisément, qu'on

voulait déchristianiser. Les congrégations étaient un obstacle à la réalisation de ce projet inavoué. On les supprima. Les autres obstacles viendraient à leur tour. On s'attaquerait au clergé des paroisses ; on se jetterait sur tout ce qui porte l'étiquette de chrétien ; on passerait la charrue sur les ruines de dix-neuf siècles de catholicisme ; ainsi l'on assurerait pour jamais, le triomphe de la maçonnerie et de la libre-pensée !

Rêves impies ! rêves insensés ! car l'homme propose et Dieu dispose. Il y a tant de foi en France, il y a tant de charité encore, que ce que l'on vit ne pouvait pas être la fin. Ce n'est qu'un orage qui dure encore, une épreuve qui n'est pas finie, une bataille qui prépare sans doute une belle et joyeuse victoire...

Nous avons relaté un peu longuement toute la raison d'être de la loi sinistre qu'on a trop justement appelée la loi *contre les congrégations*. Mais il est des vérités qu'il est nécessaire de constamment remettre en lumière ; il y en a qui oublient vite chez nous, d'autres qui se souviennent mal, le plus grand nombre est égaré par la mauvaise presse qui répand partout des idées fausses. Ne dût-on voir dans cet exposé qu'une dernière protestation contre la passion antireligieuse des loges, et la cynique brutalité des bas exécuteurs de leurs projets, que sa place ici serait marquée, au moins comme préface, aux faits qu'il nous reste à raconter. Le récit en sera ausi succinct que discret. Ainsi l'exige la plus élémentaire prudence.

La révérende mère Maria n'avait pas attendu le signal des proscriptions pour recourir au Ciel. Tant que Dieu est là, rien n'est perdu. Elle puisait dans cette pensée une confiance qu'elle s'efforçait de faire partager à ses filles. A cet effet, elle leur adressait, le 21 décembre 1901, la lettre qu'on va lire : « L'année qui finit a vu se réaliser toutes les craintes qui agitaient nos cœurs. L'Eglise de Dieu est persécutée. Ses plus nobles enfants ont été forcés de prendre le chemin de l'exil, et d'aller demander à l'étranger une liberté qu'ils ne trouvaient plus sur le sol de la patrie. Les congrégations, qui ont cru devoir rester en France, se trouvent aux prises avec des difficultés de toute nature. L'avenir est bien sombre ; que nous réserve l'année nouvelle ? Dieu permettra-t-il à ses ennemis, aux adversaires de son Eglise, d'exécuter leurs menaces ? Nous n'en savons rien ; c'est le secret de la Providence.

Au milieu des épreuves présentes, en face des épreuves plus grandes encore qui nous attendent, faut-il se laisser aller à la tristesse et au découragement ? Non, confiance ! confiance ! Jésus est avec nous, et Jésus est plus puissant que le monde et l'enfer réunis.

Il ne suffit pas cependant de s'abandonner entre les mains du divin Maître et Seigneur ; un grand devoir s'impose à nous, plus impérieusement encore, dans les circonstances critiques que nous traversons, c'est le *devoir de la prière*.

Il faut prier. Il faut que nos prières deviennent plus instantes, plus confiantes, plus persévérantes, à mesure que le danger grandit. La prière a toujours été et sera toujours le grand. moyen de salut. En maintes circonstances, l'Eglise a été sauvée de la ruine par la prière. Elle le sera encore cette fois, et notre chère congrégation échappera aussi au désastre, si nous savons prier comme il convient. »

Cette prévision ne devait pas se réaliser à la lettre, du moins immédiatement, car les desseins de Dieu sont souvent à longue portée, et dépassent nos courtes vues. Il était réservé à la Supérieure de connaître un nouveau genre d'épreuves, épreuves les plus poignantes de toutes, parce qu'elles atteignaient toutes les communautés religieuses, et menaçaient l'existence même de la sienne. En ce généreux pays de France, on était à la veille de voir des sectaires haineux, arrivés au pouvoir, arracher à leurs demeures et à leurs écoles, des hommes blanchis dans le travail de l'apostolat, des femmes vieillies dans la prière et l'instruction des enfants du peuple, tandis qu'ils rouvriraient les portes du pays aux agitateurs et aux anarchistes.

Et ce spectacle lamentable serait donné au monde, non par une populace ameutée, mais par un gouvernement qui maintenait écrit sur tous les murs : *Liberté, Egalité, Fraternité.* Les armes que la Constitution donne au pou-voir pour la garde de l'ordre et la défense des justes lois, pendant des heures qui compte-ront parmi les plus misérables de notre his-toire, seront mises au service d'une secte impie. Si les portes des couvents ne sont pas brisées à coups de hache, comme elles le furent pendant les expulsions non moins hon-teuses de 1880, ni les cellules crochetées et envahies, ni les chapelles fermées et mises sous les scellés, les religieuses et les religieux n'en seront pas moins violemment expulsés des asiles de la science et de la piété, qui sont leur propriété sacrée. On se rappellera longtemps la stupeur des honnêtes gens, la consternation des familles, l'indignation d'un grand nombre de catholiques militants, qu'ar-rêtait moins le sentiment de leur impuissance, que la charité des victimes.

Cependant le temps pressait. La rentrée des classes était toute proche, et l'émotion gran-dissait de moment en moment parmi les catho-liques et les amis sincères de la liberté, à l'annonce des mesures violentes qui se préparaient contre les écoles libres. Tous les jours, en effet, les journaux aux ordres de la secte revenaient avec une diabolique complaisance sur l'exécution imminente des *condamnés*.

Aux termes mêmes de la loi, les congrégations avaient à choisir entre l'autorisation, la dissolution ou l'exil.

Evidemment, l'autorisation ne serait pas accordée à toutes ; elle serait jetée à quelques-unes, peut-être, comme un lacet propre à les enchaîner pour toujours, et à les étrangler, quand on voudrait.

Nombreuses même étaient les voix dans les rangs des adversaires, pour réclamer le rejet en bloc de toutes les demandes, autant dire l'étranglement, immédiat et universel.

La dissolution, c'était la mort.

L'exil était peut-être la meilleure voie qui s'ouvrait à beaucoup. Plusieurs déjà en avaient pris le chemin, et de la terre des hommes libres que furent les Francs, partaient chaque jour des Français, chassés par d'autres Français. Et, chose monstrueuse, qui fait reculer une nation jusqu'aux époques barbares, parmi ces proscrits, il y avait des femmes en très grand nombre, les plus vertueuses et les plus dévouées, poursuivies en ce commencement du vingtième siècle, par les nouveaux chevaliers de la truelle et de l'équerre, et contraintes d'aller mendier en Belgique, en Espagne, en

Angleterre, en Amérique, le pain de la liberté qu'on leur refusait sur le sol de la patrie !

Avant d'en venir à cette extrémité, et pour épuiser toutes les tentatives en faveur des œuvres qu'elle eût sauvegardées au prix de sa vie, la révérende Mère se tourna une fois encore vers ses Sœurs, pour leur expliquer dans une circulaire qui devait être la dernière, les raisons déterminantes de sa conduite.

« La Congrégation de la *Sainte-Famille* est autorisée par ordonnance royale du 19 juin 1837. Vous savez cela. Assez longtemps, nous avons cru que, par ce fait même, toutes nos succursales étaient reconnues. Néanmoins, les opinions étant partagées, nous avons jugé prudent de déposer incessamment une demande en autorisation pous tous nos établissements.

Si donc, mes chères Sœurs, on se présentait chez vous pour une enquête, vous pouvez répondre que nous sommes en règle ; et si l'on vous demandait des renseignements, bornez-vous strictement à ceux qui vous sont donnés ci-inclus et qui vont être envoyés au Ministère.

Une seule chose nous reste à faire : prier beaucoup, surtout pendant le mois du Rosaire qui va commencer, redoubler de fidélité à notre mission, nous faire le cœur fort, pour soutenir vaillamment la lutte sous quelque forme qu'elle se présente à nous; et, quoi qu'il arrive,

Sursum corda, joie quand même et toujours ! Nous sommes à Dieu ; Il veille sur nous, et tout ce qu'il garde est bien gardé ».

Conformément à ces instructions, elle se mit aussitôt en devoir de préparer, réunir et classer les pièces indispensables. C'étaient plus de cent dossiers à établir en quarante-huit heures. Elle y travailla de jour et de nuit avec son assistante et son conseil, et prit la plus large part à ce travail d'un genre tout spécial, et rendu plus pressant par l'expiration du délai de trois mois, imposé par l'odieuse loi pour se soumettre ou... s'en aller. Les jours avaient passé en dissertations, et nulle part on n'était parvenu à se mettre d'accord sur l'attitude à observer. Et cette attitude là, fût-elle de résistance ou de résignation, on n'avait même pas envisagé jusqu'à quel point on la devrait garder.

Il n'y avait plus à différer pourtant. Aussi, aucune fatigue, aucun obstacle, aucune souffrance, n'arrêta le zèle de la vénérable Supérieure. La vie des écoles chrétiennes était menacée : pouvait-on calculer avec la peine, les veilles, les démarches, la santé ? D'éminents bienfaiteurs lui ayant suggéré que certaines visites étaient de nature à lui concilier de hautes sympathies, elle sollicita une audience de la reine des Belges. Sa demande fut accueillie avec une grande bienveillance, et elle parut à la cour, humble et modeste, sans doute, mais avec ce grand air de distinction qui frappait non moins que la dignité de ses manières, et la noble simplicité de son langage. Rien, croyons-nous, ne fut divulgué de l'entrevue royale, mais ce que nous sommes autorisé à affirmer, c'est que la révérende Mère sortit du palais, consolée et fortifiée.

Elle avait grand besoin de consolation et de force ! Les demandes en autorisation, on se le rappelle, furent rejetées avec un souverain mépris, sans discussion, sans examen, et la mort, la mort sans phrase, fut le sort réservé aux congrégations enseignantes.

Dès 1903, la plupart des écoles de l'Institut furent brusquement fermées, et les sœurs obligées de quitter leurs postes revinrent à la maison-mère.

Mais le local, malgré ses larges dimensions, n'était pas aussi vaste que les cœurs, et force fut au plus grand nombre de rompre avec un passé aimé, et de briser des liens qu'elles avaient crus indissolubles.

Pour vivre, inexorable nécessité ! elles subirent les cruautés de la sécularisation et, la mort dans l'âme, abandonnèrent l'habit religieux et tout ce qui les rattachait à la Société. Jours de larmes, de détresse, et de deuil, pour les Mères et les Filles ! Jours d'angoisses dont les supérieures ne pouvaient rappeler le souvenir, même après plusieurs années, sans éprouver encore les émotions qu'elles ressentirent en ces déchirantes circonstances !

En même temps que la Famille perdait ainsi la majeure partie de ses membres, les menaces avaient fait place aux actes de persécution, et les congrégations enseignantes furent d'ores et déjà supprimées.

L'abus de pouvoir était criant, mais il n'y avait plus rien à faire contre la force. Toutefois, loin de se laisser désemparer par les sombres événements qui bouleversaient les rangs catholiques, la révérende Mère se sentit capable de tous les courages, parfois même d'une sainte audace. Se souvenant de l'accueil qu'elle avait reçu à la cour, souvenir dont la pensée lui remontait au cœur comme un délectable réconfort, elle entreprit d'avoir tout au moins un pied à terre en Belgique et, dans cette circonstance, comme dans bien d'autres, elle se réserva la part la plus difficile. Elle partit avec Mère Angélina dont la présence lui fut partout un précieux concours. Elles cherchèrent longtemps ensemble, et après bien des péripéties, toutes aussi amères les unes que les autres, elles finirent par trouver, à Audregnies, une propriété qui paraissait devoir leur suffire pour l'instant. La Providence leur avait ménagé la faveur de mettre, sur leur chemin, un homme connu dans toute la contrée pour son amour du bien et son dévouement aux communautés religieuses. Ce grand chrétien accepta de devenir acquéreur du château Le Roy, et de le louer ensuite à la *Sainte-Famille*, dans des conditions fort acceptables (1).

Ce fut un grand soulagement et une tranquillité, plutôt qu'une satisfaction pour le cœur, tant qu'il resterait une goutte d'amertume au fond du calice. Dans ce calice, la *Sainte-Famille* disloquée, et la Supérieure générale la première et plus que toutes ses sœurs, but les privations, les douleurs, les humiliations, les travaux, les souffrances de toute sorte, en pensant au fiel dont le Maître divin avait été abreuvé.

Par quels moyens, par combien de voyages et de démarches, de ressources à trouver, d'affaires à traiter, de rebuts à essuyer, de difficultés à vaincre, la révérende Mère Maria parvint à maintenir l'esprit religieux après le démembrement ; à soutenir les isolées, rendre la paix à celles qui, privées de leur vie active, se désolaient de leur inutilité ; à relever le courage de celles qui chancelaient sous l'épreuve; à veiller à ce que les malades et les infirmes fussent entourées de tous les soins désirables ; à distribuer les secours matériels à tous les besoins et l'assistance morale à toutes les afflictions ; à parler à chaque sœur — auprès et au

---

(1) **Mère Angélina Hénon**, Notes biographiques, *passim*.

loin — le langage de la foi, de la confiance et de l'abandon au bon vouloir divin, on ne le saurait dire. Il y faudrait un volume que la prudence n'autoriserait du reste pas à écrire, car « s'il y a de l'honneur à découvrir et à publier les œuvres de Dieu, il est bon de tenir caché le secret du roi ». (1)

Elle eut beau faire. Là où les tribulations abondent, les défections ne manquent pas. Elles ne furent pas nombreuses, il est vrai, mais il y en eut. La famille religieuse, tout comme la famille naturelle, ne serait plus la famille, si elle n'était cimentée avec les sueurs du travail et avec les larmes de deuil. La révérende Mère vit donc partir, elle vit souffrir, elle vit mourir, après comme avant la dispersion. Mais, de voir partir, sans espoir de retour, le cœur ulcéré par la cruauté des choses et aigri par l'injustice des hommes ; de voir souffrir sans qu'il lui fût donné de verser, dans les âmes affligées, le baume de sa maternelle compassion ; de voir mourir, sans qu'elle pût adoucir la dernière heure et recueillir le dernier souffle, il résulta pour l'infortunée supérieure toute une série de tourments ineffables. Elle comprit alors comment « toute grande mission emporte avec elle ici-bas, la nécessité d'un crucifiement » (2) ; et c'est

(1) Tobie XII, 7.
(2) De Laprade.

dans le sein de Dieu qu'elle versa la peine que Lui seul était capable de consoler.

A ce chagrin, si grand que les mots humains sont trop étroits pour le contenir, il n'y avait qu'une atténuation. Séparée de ses filles, elle ne les avait certes pont abandonnées ; invisible à la plupart, elle n'était jamais absente. Sa foi de religieuse et son cœur de mère, incapable d'oublier, lui en étaient témoins. Ne restait-elle pas au milieu d'elles par toutes les paroles qu'elle semait si activement de résidence en résidence ? par toutes les lettres que multipliait son zèle, emportées sur tous les points, jusqu'aux plus humbles postes ? par les constitutions inviolables, au nom desquelles elle revendiquait le droit, l'honneur et le devoir de continuer à gouverner son troupeau ? par les compagnes que la Providence lui avait adjointes pour l'aider à accomplir sa tâche, et qu'elle savait si entièrement pénétrées de l'esprit de la *Sainte-Famille* ? Ainsi, plus la séparation était dure à supporter, plus les cœurs restaient liés indissolublement, et plus les âmes s'enrichissaient de surnaturels mérites.

La révérende Mère trouva un second dérivatif dans le travail, cet autre grand consolateur des humaines langueurs, en se mettant à l'œuvre pour organiser la partie de la résidence, qui devait servir d'asile aux sœurs âgées ou infirmes.

C'était l'asile de la souffrance et de la réclusion. Parmi les nouvelles captives, les unes gémissaient sans ménagement sur l'isolement auquel elles étaient condamnées par la force. Les autres déploraient le mauvais état de leur santé, qu'elles n'auraient plus la liberté ni le moyen de soigner à leur gré. Aucune ne se consolait d'avoir été arrachée, par la méchanceté humaine, à un emploi avec lequel elle s'était identifiée pendant plus de trente ou quarante ans. A toutes manquaient les enfants qui avaient été toute leur vie et comme leur raison d'être, et plusieurs en tombèrent malades.

Malheureuses victimes ! Devant leur foyer dévasté par d'impitoyables bourreaux, l'ennemi, qui paraissait le plus redoutable à leur vieillesse improvisée, n'était pas la mort. Une geôle légale, voilà donc pour le présent ! Et l'avenir avec ses incertitudes, n'était-il pas déjà gros d'orages plus terribles encore, et de menaces plus exécrables, et de plus noires misères ?

Toujours la même, la révérende Mère participait, avec ses trésors de sympathie et de tendresse, à toutes leurs craintes et à toutes leurs privations, mais elle s'employait aussi tout entière à tourner les âmes vers des pensées plus apaisantes. « Lorsqu'on s'est placé entre les mains de Dieu, on ne saurait périr.

S'il permet l'épreuve, c'est afin de mieux récompenser, car il est l'ami fidèle qui ne trompe jamais, qui répare les abandons, compense les trahisons, endort les douleurs et commande d'espérer encore et toujours, même quand tout semble irrémédiablement perdu »... C'est par de telles paroles et autres semblables que la bonne Mère, qui avait inscrit parmi ses plus graves obligations le devoir d'alléger le fardeau de toutes les souffrances, redoublait d'efforts pour amoindrir les peines et diminuer les anxiétés, et elle ne se plaignait que d'une chose, son impuissance à les supprimer entièrement.

Il lui était réservé enfin de consommer l'holocauste, par la division, à Amiens, de la communauté, siège de la maison-mère, et du pensionnat.

Celui-là, c'était vraiment le coup de grâce. Abandonner une partie de la demeure familiale, sanctifiée par les saintes Fondatrices et par des générations de religieuses, qui là avaient vécu, prié, travaillé, souffert !... Laisser en des mains, dévouées, peut-être, mais étrangères, les enfants à qui elles avaient consacré toute leur vie ! Ne plus les voir, ne plus les entendre, ne plus les suivre, renoncer, en dépit de leurs aspirations les plus vivaces, à s'occuper de leur formation, à partager leurs études, leurs ennuis, leurs joies !... Quitter les maîtresses *laïcisées*, des sœurs aimées, élevées par elles, instruites par elles, qui, sous un autre nom et sous un autre habit, tenteraient l'impossible pour se donner encore à la sainte cause de l'éducation chrétienne !... S'ensevelir vivantes, dans un lieu de retraite, quand elles se sentaient encore vigueur dans les membres, clarté dans l'esprit, vaillance dans l'âme ! ce fut là, sans contredit, pour les sœurs de la *Sainte-Famille*, la part la plus amère de leur adversité. Ensemble, elles connurent les suprêmes agonies du cœur, dans la journée du 30 mai 1904, dont nous abandonnons le récit à un témoin oculaire.

... « Depuis quelques semaines, une femme de grand cœur dans sa modestie, et de grand mérite, portant un nom avantageusement connu et estimé depuis longtemps dans toute la ville et au-delà, Madame Louis Piteux, cédant aux instances et aux supplications, avait accepté la direction de l'établissement ; et d'autre part, une société civile où se rencontrèrent tous les genres de dévouement, s'était formée, et *avait acquis du liquidateur* — ô ironie des mots ! — les bâtiments occupés par le groupe scolaire. Maintenant, qu'allait-il advenir ? Quelques familles, plus au courant des événements, en avaient quelque soupçon, mais elles étaient loin de s'attendre à la soudaineté du fait.

« Avec une promptitude d'exécution, qui n'avait d'égale que sa promptitude de décision, la révérende Mère, sagement conseillée et fraternellement secondée, avait déjà pris toutes les précautions nécessaires. Un mur s'était élevé dans le jardin ; les portes de communication avaient été murées elles-mêmes, de sorte que, le 29 mai, il n'y avait plus qu'une seule issue qui aboutissait des sous-sols au cloître. Ce même jour, un dimanche, la révérende Mère suivit, plus encore que de coutume, ses chères petites filles, en les enveloppant d'un regard plus affectueux que jamais. Ses yeux ne les quittaient pas. Pendant la récréation du soir, elle s'attarda, au milieu d'elles, au jardin, et dans un adieu dont étaient loin de se douter celles qui en étaient l'objet, elle les appelait par leur nom, se mêlait à leurs jeux et à leurs causeries, caressait les plus jeunes, souriait aux plus grandes : elle ne pouvait se détacher d'elles !... Elle ne devait plus les revoir !

« Le lendemain, après l'oraison, elle réunit une dernière fois les maîtresses dans sa chambre, et renouvela généreusement avec elles l'inévitable sacrifice. Puis, pendant que les unes, celles qui conservaient l'habit religieux, se rendaient au dortoir pour le lever des enfants, les autres, sous le regard attristé de leur Mère, échangèrent leur saint habit contre le pauvre costume de *sécularisées* ; et sans autre délai, les nouvelles institutrices du Pensionnat, de l'Externat, et de l'école sainte-Anne, se mirent à la tête de leurs élèves, pour les accompagner à la chapelle, qui serait dorénavant la leur, pendant que la Supérieure générale fermait elle-même d'une main tremblante, la dernière porte de communication entre les deux maisons désormais séparées. C'était fini ! Mais, la pauvre Mère était à bout; elle s'en alla cacher dans sa cellule les larmes qu'elle ne pouvait plus retenir, aussi inconsolable que Rachel, parce que ses enfants, ses bien-aimées enfants n'étaient plus là ! »

« Ah ! c'est bientôt fait d'élever un mur de clôture, mais quand chaque pierre est trempée dans le ciment de l'injustice, de l'ingratitude, de la perfidie, de la haine mal déguisée : quand les assises, une à une, longuement, lourdement, se superposent sur les cœurs les plus tendres, les plus aimants, les plus dévoués, c'est la peine portée à l'excès, c'est l'angoisse du jardin des Oliviers, c'est l'écrasement total ! Mais, on ne meurt pas de douleur !... Et c'est l'heure de rendre ce solennel témoignage et de dire : Quels que soient les sentiments qui aient agité les âmes, il y en a deux, au moins, qui ne les ont pas effleurées : la rancœur et le découragement. Pas une parole de malédiction, pas une minute de désespérance. A qui tout manque, Dieu reste encore !... » (1)

Souffrir dans la résignation, la fidélité à sa vocation, et l'amour du Dieu qui a fait de la souffrance une béatitude, c'est plus qu'il n'en faut pour ne point désespérer. Mais, cela n'empêche pas que la croix ne soit la croix ; et la peine de la révérende Mère Maria fut si grande dans le drame de la sécularisation que, peu à peu, commença à se graver sur ses traits, naturellement réguliers et agréables, cette impression de souffrance qu'on y remarqua toujours. Plus d'enfants à aimer et à instruire ; plus de religieuses enseignantes avec qui partager le travail et le zèle d'une commune mission ! Ce qui faisait sa joie naguère devint son supplice, et son âme se trouva comme broyée sous le poids des tribulations ! Elle en éprouva les tortures d'un vrai martyre, d'autant plus cruel, que personne, autour d'elle, n'en mesura jamais ni toute l'étendue, ni toute la profondeur.

---

(1) Discours du Centenaire.

XII

Les Auxiliaires

———

Arrivé à ce point de notre travail, **nous** regardons comme une pieuse obligation **de** nous arrêter quelques instants, et de **faire** connaître très sommairement les principales auxiliaires qui apportèrent leur aide dévouée à la révérende mère Maria, pendant son long généralat de vingt-cinq ans.

Il est permis de dire que la première **en** date fut la mère Marie-Berthe *Lemaire*. **Née** à Valhuon, dans le Pas-de-Calais, en **1829**, elle entra au noviciat le 9 Mai 1849, et ne cessa d'édifier toute la communauté pendant près de soixante ans. Que ce fût comme institutrice à Doullens, puis à Amiens, ou comme supérieure locale à Frévent, ou encore **comme** conseillère, elle surpassa les plus vertueuses par l'élan de sa ferveur. Deux fois supérieure générale, une première fois de 1879 à 1885, et une seconde fois de 1893 à 1897, elle démissionna à cette dernière date, bien plus pour obéir aux injonctions de sa conscience que pour refuser le travail. La révérende mère Maria lui succéda immédiatement.

Elles n'étaient pas faites pour s'entendre parfaitement. Nous avons laissé entrevoir pourquoi. Mais les menus incidents de l'inharmonie, loin d'entraîner de fâcheuses conséquences, furent à peine remarqués, grâce à leur mutuelle charité et leur mutuelle abnégation.

Ame ardente, esprit élevé et tout apostolique, la mère Marie-Berthe avait d'abord aspiré aux missions étrangères ; elle rêva longtemps d'y partir. La Chine l'attirait, et les lectures qu'elle se ménageait à ce sujet, autant que ses loisirs le lui permettaient, ne faisaient qu'aiguillonner son brûlant désir. Mais Dieu lui montra comme du doigt, et avec tant de clarté, le chemin qui devait s'ouvrir devant elle, que la pensée de résister ne lui vint même pas. Une voix autorisée, la voix de son confesseur, lui déclara, en effet, que la divine volonté était qu'elle fût religieuse de la *Sainte Famille;* et comme elle avait pris la résolution, depuis ce qu'elle appelait sa *conversion,* de ne jamais dire « non » à Dieu, quand il lui demanderait un sacrifice, elle n'hésita pas à dénouer les liens les plus chers. Pesant ses desseins et ses démarches, elle ne laissa à la grâce que le temps de faire son œuvre, pour quitter le monde et se consacrer à Dieu.

Heureuses les âmes qui ne subissent d'autres lois que celle de l'amour de Dieu et du prochain ! La mère Marie-Berthe fut une de ces prédestinées. Les sœurs lui rendent ce bel hommage, où l'on aurait tort d'y découvrir quelques-uns de ces superlatifs posthumes de néophytes, qui navrent les lecteurs de biographies par trop surnaturelles, parce que tous méfaits et défauts en sont soigneusement bannis. Nous le transcrivons en entier, sans y rien changer, sans même modifier le luxe de certaines expressions : « Aimer Dieu et le faire aimer fut toute sa vie. Elle aima le bon Dieu par-dessus tout. Ses aspirations, ses élans sont restés le secret de son âme ; mais, à son recueillement profond, à l'expression de sa physionomie, on pouvait deviner l'union tout intime avec son Créateur.

« Elle travailla de tout son pouvoir à le faire aimer. Dès son enfance, elle désira être missionnaire, mais elle se soumit sans détour et sans arrière-pensée au jugement de son directeur. Elle apporta à la *Sainte Famille,* congrégation essentiellement apostolique, un esprit tout apostolique ; elle eut toujours d'un apôtre le zèle ardent et les saintes industries...

« Elle aima le prochain d'une charité pleine d'indulgence et de mansuétude. Elle trouvait le moyen d'excuser tous les torts, même ceux des méchants, craignant, avant tout, de causer la moindre peine à qui que ce fût. Aussi mortifiée et austère pour elle-même que remplie de sollicitude pour les autres, elle *était aux petits soins* auprès de chacune...

« Il faut mourir à soi-même pour être bon », a-t-on dit. L'humilité de notre chère Mère fut la source de son inépuisable charité. Après sa démission, bien qu'elle demeurât conseillère, elle s'appliqua aux travaux les plus obscurs et chercha à s'effacer toujours davantage...

« Les élèves du pensionnat l'appelaient une sainte, et toutes celles qui l'ont connue se plaisent, aujourd'hui encore, comme par le passé, à la nommer « un ange de piété, de douceur et de paix... »

Dieu l'appela à Lui au mois de Novembre 1908, après une belle et sainte vie, dont nous avons tenu à encadrer ici le souvenir, parce qu'elle appartient à la *Sainte Famille,* comme un héritage d'honneur et de bénédiction.

La mère Marie-Alfrède *Sureau* était de la même école, sinon de la même trempe ; une de ces natures en qui le zèle et la charité s'incarnent sous une enveloppe un peu fruste souvent, mais incapable de s'arrêter dans la voie du dévouement.

Elle était de Saint-Quentin-le-Petit, dans les Ardennes. Admise au noviciat en 1847, et professe deux ans plus tard, elle ne fut livrée à l'enseignement que pendant sept ans, à Trois-villes (Nord), ensuite à Hornoy. Elle fut de bonne heure investie de la charge de maîtresse des novices, qu'elle exerça pendant plus de quarante ans. A sa mort, en 1901, elle était, depuis quatre ans, assistante générale de la congrégation.

Voici quelques notes recueillies à son sujet. Elles permettront de mieux apprécier à sa juste valeur l'humble religieuse.

« Mère Marie-Alfrède était douée d'une belle intelligence, d'un jugement droit et pénétrant, d'un grand sens psychologique, d'une volonté forte et toujours maîtresse de sa sensibilité, qui cependant était assez vive...

« Ce fut une âme loyale et forte. Ame loyale dans ses rapports avec Dieu, elle allait à Lui tout droit « comme un boulet de canon », suivant le mot du bienheureux curé d'Ars... Ame forte, le trait caractéristique, la note dominante chez elle était l'esprit de foi, elle voyait tout en Dieu, et Dieu en tout...

« Ame loyale dans ses rapports avec le prochain, elle ne connaissait ni la flatterie, ni la duplicité ; elle disait simplement ce qu'elle pensait, ce qu'elle désirait... Ame forte dans sa direction, elle enseignait aux âmes, par ses leçons et par ses exemples, qu'il n'y a de vrai que le renoncement perpétuel, le sacrifice, le dévouement à autrui pour Dieu. Elle aimait à redire à ses chères novices : « Je vois dans chacune de vous ce qu'un avare voit dans un louis de vingt francs. Il y voit deux mille centimes, et moi, je vois en vous deux mille âmes ».

Elle y voyait autre chose. Elle avait appris par une longue expérience qu'on ne fait de bien aux âmes que dans la mesure où l'on agit sur elles, et que l'intelligence est la première directrice du monde. L'ignorance n'est pas une cause d'exclusion de la vie religieuse ; mais l'insuffisance serait une cause de décadence et de mort pour un ordre enseignant. Aussi prêchait-elle, avec autorité et persévérance, le travail qui se connaît, comme l'arbre à ses fruits. Elle demandait de l'application et de la constance dans les efforts ; et comme les efforts, même soutenus, ne sauraient par eux-mêmes faire une bonne institutrice, elle exigeait des succès réels. Ces succès, elle voulait qu'on les cherchât dans le travail sans doute, mais dans un travail intelligent et bien conduit, qui embrasse l'étude, la réflexion, la clarté d'exposition, la variété des procédés, en dehors de la détestable routine, à laquelle elle faisait une guerre à mort, comme si elle se fût juré à elle-même de l'exterminer. Se contenter de la routine, c'est renoncer à toute initiative d'où dépend la valeur intellectuelle ; c'est soumettre à l'arbitrage d'une coutume vieillotte l'évolution de ses meilleures forces ; c'est abdiquer cette puissance de se déterminer et de se décider soi-même, aux heures qui s'annoncent les plus fructueuses ; c'est annihiler sa liberté dans l'exclusion de ses droits les plus fiers ; c'est enfin céder l'empire de sa volonté propre, et l'assujétir à la plus tyrannique dépendance...

« Ame loyale avec elle-même, la Mère Marie-Alfrède était, elle aussi, très bonne, très maternelle, ce qui ne l'empêchait point de se laisser aller de loin en loin à certains mouvements d'humeur, voire même, à certaines brusqueries. Mais elle reconnaissait ses torts ; elle s'en humiliait et s'efforçait de faire oublier ce qui, dans ses paroles ou ses procédés, avait pu blesser ou faire de la peine...

« Ame forte dans la souffrance et les infirmités, auxquelles elle fut soumise pendant la plus grande partie de sa vie, elle les supporta avec une rare patience. Et même n'en éprouvait-elle pas de la joie ? et ne s'était-elle pas offerte au Seigneur, par l'entremise de la Sainte Vierge, comme victime volontaire ? Nous l'ignorons ; mais nous savons que sa

signature était invariablement suivie de ces
quatre lettres : S. C. d. M., c'est-à-dire, servante crucifiée de Marie...

« Ame forte dans la pratique habituelle des
vertus cachées, comme dans l'accomplissement exact de la tâche quotidienne, elle avait,
malgré le mal qui la tenaillait, « la *dévotion
au devoir.* »

Une intendante fidèle et prudente, ce fut
la Mère Marie-Anne-Thérèse *Bavoux*, née à
Saint-Remy (Haute-Saône) le 15 Octobre 1835,
novice en 1852, admise à la profession en 1854,
et envoyée comme maîtresse de classe d'abord
à Saint-Omer, puis à Ercheu et à Cappy, d'où
elle sortit, après avoir été élue économe générale en 1863. Dix ans plus tard, elle fut nommée conseillère et rappelée à Dieu au mois de
Décembre 1899.

Les quelques mots, que ses compagnes plus
jeunes ont consacrés à ses mérites, suffiraient
à l'éloge d'un grand nom et d'une grande mémoire.

« Ce n'est pas elle qui aurait encouru le
reproche adressé par Notre-Seigneur aux enfants de la lumière. Très entendue, elle fit à la
lettre « fructifier les talents » qui lui furent
confiés, et notre révérende mère Maria Legrand
se plaisait à louer son habileté en affaires.
C'est grâce à elle, que les sœur âgées ou in-

firmes trouvent aujourd'hui les adoucissements nécessaires à leur état... Elle a passé
sans bruit, toujours à son poste, veillant à ce
que personne ne manquât de rien, et se soumettant elle-même à toutes les exigences de
la pauvreté religieuse. C'est ainsi qu'on fait
le bien. »

Parmi les dignitaires qui prêtèrent leur
concours à la révérende Mère Maria, le premier
rang revient à la mère Angélina. Bien que
quelques notes biographiques aient été écrites
autre part, il ne conviendrait pas que son nom
et son rôle fussent tenus sous silence dans l'histoire de la Supérieure (1) dont elle fut le bras
droit, ou plutôt une autre elle-même. Ce serait
risquer d'en fausser la trame et d'en mécon-
naître les événements dans leur évolution la
plus intime. Un rapide résumé la replacera
dans le cadre où elle vécut, et rappellera briè-
vement la part qu'elle prit dans le gouvernement de la congrégation.

Angélina *Hénon* naquit le 8 Février 1849, à
Montauban, petit village de la Somme, près
d'Albert. A l'âge de trois ans, elle fut atteinte
d'une maladie qui mit ses jours en danger.
Mais le bon Dieu avait ses desseins sur elle, et
il l'appela de bonne heure à son service. C'était
une petite fille vive, espiègle, toujours en mou-

(1) Extrait de la notice : Mère Angélina Hénon, assistante
générale de la Congrégation de la *Sainte-Famille* (1914), par
e même auteur.

vement, au regard fin et spirituel, à la physionomie malicieuse, en qui se révélaient déjà les
plus belles qualités. Elle venait d'avoir ses dix-
sept ans, quand elle fut invitée à accompagner
à Amiens la sœur Eugène, son ancienne maîtresse. La jeune fille partit avec la permission
de ses parents, mais elle ne revint pas.

Quand elle eut prononcé ses vœux, elle fut
envoyée à Watten, dans le Nord, où la fièvre
paludéenne l'obligea à ne rester que peu de
temps. Nommée maîtresse de première classe,
puis supérieure de la maison d'Ercheu, ce fut
sur ce théâtre d'apparence modeste, qu'elle
donna sa mesure, en portant le pensionnat à
un degré inouï de prospérité.

Au départ d'Ercheu, elle fut chargée de la
première classe au pensionnat d'Amiens, puis
de la direction de l'école de Berck et de celle
de Poix. Elle ne fit que passer dans ces différents emplois, trop lourds, pour sa faible santé.
Elle n'en fut pas moins, après une apparition
modeste au noviciat, promue secrétaire générale en 1897, et assistante en 1901.

Désormais on la trouve partout aux côtés de
la révérende Mère, multipliant les marques
d'une fidélité à toute épreuve, d'un tact parfait
et d'une prudence consommée. Quand la loi
sur les associations eut été votée, elle reçut la
tâche écrasante de préparer les demandes en
autorisation, sans se méprendre, du reste, sur

l'issue de ces instances. Elle vit la dispersion.
Jamais épreuve plus cruelle ne s'abattit sur la
Sainte-Famille. Une grande part en retomba
sur l'assistante, dont la calme prudence et la
longanimité inébranlable cherchèrent, dans
une besogne accablante et toute hérissée de difficultés, le secret de déjouer les perfidies et les
vaines assurances, et d'arracher les sœurs aux
terreurs et aux périls de la séparation. Toujours sur la brèche, elle paya de sa personne,
se réservant le rôle le plus lourd et le plus
ingrat, sans compter avec des forces qui n'é-
taient pas à la hauteur de son courage, et que
seule la volonté parvenait à maintenir.

Par la suite, elle s'en alla de poste en poste,
messagère de la bonne parole et du réconfort,
sans souci des fatigues occasionnées par de fréquents voyages et les inévitables inconvénients
d'un changement quotidien, distribuer courage
et consolation à tous les membres de la famille,
frappée par l'injustice et le malheur.

Elle mourut sur la brèche, le cœur torturé
par l'angoisse, le 3 Mars 1912, ayant bien mérité de la congrégation.

En Mère Anysie-Joseph *Crétel* se rencontra
une autre conseillère et collaboratrice de très
grand mérite. Elle vint au monde en 1861, à
Maison-Ponthieu, et entra au noviciat en 1877.
Elle n'avait que seize ans. Aussi ne fut-elle admise à émettre ses premiers vœux qu'en 1881.

Ses débuts d'institutrice furent pour le pensionnat d'Amiens 1881, et, six ans plus tard, pour celui de Doullens, qu'elle quitta en 1894, pour prendre la direction de l'école de Corbie.

Elle a laissé, dans toutes les résidences, la même réputation de *règle vivante*, visiblement inspirée de l'esprit des Mères Fondatrices. Quelle belle petite religieuse elle était dans sa jeunesse ! On eût dit une enfant, menue et grêle, fluette et agile, et si douce ! Elle faisait alors les délices des élèves qui l'appelaient la *suave petite sœur Anysie*, ne goûtant que la grâce de sa personne et l'agrément de ses leçons, et trop peu initiées aux réalités de la vie, pour apercevoir, sous le gant de velours, la rude main que ne ferait défaillir aucune besogne.

C'est au Juvénat (1898) qu'elle commença à affirmer sa personnalité, ferme et énergique jusqu'à la sévérité. Partout elle fut exemplaire.

Une fois engagée dans la carrière apostolique, elle s'y élança avec une ardeur qu'une obscure et longue maladie, même en minant son activité et ses forces, ne put ralentir.

L'infatigable ouvrière, si exigeante pour les autres, l'était bien davantage pour elle-même. Ne connaissant pas le repos, elle était obligée de se contraindre pour le permettre autour d'elle. Classes, études, travaux manuels, soins du matériel, veilles du jour et de la nuit se succédaient sans interruption et produisaient d'étonnants résultats. Entre ses mains, les Juvénistes, souvent un peu épaisses et mal dégrossies à leur arrivée, se formaient promptement à la vie correcte, et, à les voir passer, si modestes et si réservées, on les eût prises pour des novices déjà avancées.

Sa vigilance s'étendait aux personnes et aux choses. Elle n'admettait pas que chacune ne fût pas à son devoir, même si les heures étaient difficiles ou douloureuses. Inaccessible au découragement, elle déconcertait par sa vigueur obstinée. Son austère énergie n'était même pas toujours tempérée par le calme de la froideur ; si elle y suppléait, ce n'était que par une discrétion et une mesure qui l'ont fait estimer par beaucoup irréprochable. Ni tendresse expansive, ni enthousiasme entraînant ; mais, sous un extérieur digne, elle cachait une âme zélée et prête à tous les sacrifices. Eût-elle refusé sa vie, si sa supérieure la lui avait demandée ? Nous ne le croyons pas. Elle lui fut dévouée, ainsi qu'à sa Société, jusqu'à la mort.

On s'en aperçut en bien des circonstances, mais jamais mieux que pendant les jours tragiques de l'évacuation en 1918, et de l'exil qui la suivit. A la tête d'une centaine de religieuses, dont un bon nombre était âgées ou infirmes, elle gagna Paris d'abord, puis le château d'Aux dans la Loire-Inférieure, où elle séjourna pendant plus d'un an.

Les incertitudes, les anxiétés, les **obstacles** inextricables avec lesquels elle se trouva aux prises vingt fois par jour, défient la plume. Personne cependant ne manqua du nécessaire. Rien n'empêcha non plus que la vie de communauté ne battît son plein, dans les maisons hospitalières, où les religieuses étaient entassées plutôt qu'installées, et que tous les exercices, la prière, la méditation, le lecture spirituelle, la récollection du premier dimanche du mois, le chapelet et le chemin de la Croix ne se fissent avec la même régularité que dans la maison-mère la plus tranquille et la plus fervente.

Au service de cette âme si fortement trempée, Dieu n'avait certes pas mis un corps carré et vigoureux. Elle ne s'en jouait pas moins avec la souffrance, les marches forcées, les travaux prolongés, les privations imposées par la nécessité. Aussi est-ce en toute sincérité qu'elle pouvait dire à monsieur l'Aumônier, moins d'une heure avant sa mort : « Je suis bien malade, il y a longtemps que je le suis, et je ne me relèverai pas... Mais ça ne fait rien ! Je n'ai pas perdu mon temps... Je crois avoir bien travaillé ! »

Brave devant la mort, comme elle l'avait été dans la vie, elle se reprocha amèrement d'avoir subi une minute de défaillance et versé quelques larmes, quand elle fut avertie qu'il était sage de recevoir l'Extrême-Onction. « Que j'ai été lâche ! excusez-moi. Maintenant c'est fini ! mon sacrifice est fait ! Je suis contente ! » Sa mort, survenue le 14 octobre 1921, a laissé un grand vide.

Elle fut suivie de près dans la tombe, le 9 janvier 1922, par la Mère Joseph Raphaël *Castier*, également conseillère et supérieure de la maison de retraite de Cagny. Elle était entrée au noviciat en 1874, et professe depuis le 16 mars 1877. On lui confia, après ses vœux, la direction des écoles de Bougainville et de Poix.

Ce fut une bonne Mère, une bonne maman, pourrait-on dire, modèle de travail, d'oubli de soi et de zèle infatigable, ainsi que le fait ressortir le court récit suivant : « La Mère Raphaël a donné dans les différents postes qu'elle a occupés, l'exemple d'une vigilance des plus attentives et d'un dévouement à toute épreuve.

C'est surtout auprès des malades qu'elle s'est dépensée avec une abnégation complète d'elle-même ; on la dérangeait à toute heure du jour et de la nuit ! N'importe ! Elle était là pour se sacrifier.

On lui reconnaissait un talent spécial pour dissiper un ennui, consoler une peine, faire accepter les petits sacrifices de la vie commune. Chacune se retirait d'auprès d'elle contente ou du moins apaisée »...

Rendre ce témoignage, c'est proclamer, sous une forme laconique que la bonne mère Raphaël fut un véritable apôtre de la charité, dans un asile où la maladie est un hôte assidu, et la mort une visiteuse empressée. Prodiguer aux infirmes les secours et aux mourantes les consolations, est le plus méritoire des ministères et le plus sublime des apostolats.

Son souvenir ne saurait périr.

En choisissant, en 1913, après la mort de mère Angélina, pour assistante générale, mère Louis de Gonzague *Vatin*, qui vient de disparaître à son tour, 11 août 1924, la révérende mère Maria s'associait moins un astre qu'un satellite, et plaçait, non à son insu, la passivité de l'effacement volontaire à côté de la puissance d'agir. On avait déjà porté sur elle le même jugement dans les différentes résidences, où elle avait exercé de 1871 à 1913, c'est-à-dire à Saint-Omer et à Etaples, dont elle dirigea pendant vingt-cinq ans le pensionnat Saint-Joseph.

La Mère Louis de Gonzague était humble et modeste; et ces deux vertus qui ont été le principal attribut de son cœur, comme du cœur de Jésus, avaient établi en elle, à un degré rare, cette qualité souveraine, qui, somme toute, est la seule sagesse et fait le charme de la vie : elle se nomme l'obscurité. On la compara souvent elle-même à la *violette,* non pas que l'esprit d'effacement lui vînt d'une conscience timorée, mais bien plutôt, et à la fois, du souci de la responsabilité qui l'effrayait, et de l'amour de la paix qui la sollicitait victorieusement.

Elle passa en se faisant aimer pour son humilité, et en faisant le bien sans bruit. On pouvait la suivre à la trace, non pas lumineuse, mais silencieuse et presque imperceptible de ses pas. Cependant, on ne peut pas dire positiment qu'elle fût timide. Elle ne transigeait ni avec la vérité, ni avec la justice, et ne passait pas à côté d'une remontrance vigoureuse, ni d'un acte de nécessaire énergie. Mais c'était plutôt par modestie qu'elle cachait sa très réelle valeur, aussi bien que ses œuvres et ses bienfaits, semblable à ces plantes qui languissent au soleil et ne fleurissent qu'à l'ombre. Elle, elle a fleuri comme l'âme du juste.

Les talents ne lui faisaient pas défaut, si l'on entend par talents les plus sûres qualités, la finesse de l'esprit et la droiture de jugement. Intelligente et instruite, elle l'était beaucoup plus qu'elle ne consentait à le paraître. Très défiante d'elle-même, elle n'aimait ni le monde, ni ces bruyantes réunions que Châteaubriand accuse d'être un vaste désert de cervelles. Sans morosité, ni misanthropie, elle recherchait de bon gré quelques saines et même joyeuses distractions. Toutefois, rien ne lui était aussi doux que la solitude dans sa cellule ou la chapelle, quitte à en sortir provisoirement, quand elle se prolongeait. Lorsqu'elle était obligée de paraître en quelque société, elle ne se montrait qu'en dernier lieu. Mais c'est en vain qu'elle se dérobait et qu'elle se taisait. Il n'y a qu'une voix pour affirmer que, scrupuleuse pour elle-même, elle était pour les autres l'indulgence même, et large et consolante, et encourageante pour tout le monde.

Il est vrai encore qu'un premier mouvement de brusquerie ne lui échappait pas toujours ; mais toujours humble et exemplaire, elle ne négligeait point de s'excuser, et, au besoin de demander pardon, et de réparer les saillies d'humeur qu'elle se reprochait.

Disons aussi un mot de sa taciturnité. Que n'a-t-on pas entendu là-dessus ? Le mot, qui, dans son sens originel, ne signifie que mesure, discrétion appliquée à la parole, faisait, de sa vie intellectuelle et morale, une vie cachée, où l'on ne pénétrait que par une espèce d'intuition. D'elle aussi, d'elle surtout on pourrait dire : « qu'on se souvient des confidences qu'on lui a faites, mais non de celles qu'on a reçues d'elle ».

Dans la concision ordinaire de ses propos, les traits de son caractère n'étaient que plus accusés, par exemple, son abnégation totale : il semble qu'elle voulût persuader qu'elle n'avait pas d'idée propre. « Oui, oui ; non, non » suivant le précepte de l'Evangile. Le plus souvent elle s'en tenait là.

Au contraire de tant d'âmes hypertrophiées par un secret désordre de vanité ou d'orgueil, qui se posent en allant de plus en plus vers le dehors, elle était d'autant plus elle-même, que son état ordinaire restait plus fermé.

Bien d'autres considérations pourraient s'ajouter à ces quelques réflexions. Qu'il y aurait à dire, par exemple, sur la maîtresse des novices qu'elle fut en ses dernières années, insistant, persistant, exigeant, et si finement persuasive, que les moins décidées ont déclaré ne savoir rien lui refuser !

Elle est morte dans sa simplicité, à la suite d'une grave maladie de foie, supportée avec une admirable patience. A elle aussi nous devions ce souvenir du cœur et de la reconnaissance.

Telles furent les religieuses, en qui la révérende mère Maria mit sa confiance et trouva un appui précieux et indispensable.

Telles furent les pierres angulaires que Dieu jeta dans l'édifice de la *Sainte-Famille*, bâti sur le rocher de la foi, et qu'auraient pu renverser des tempêtes comme celles de la sécularisation et de la guerre... On nous pardonnera de nous être attardé à faire revivre ces chères mémoires. Mais, sans parler du charme qui s'attache à l'histoire du passé, pouvions-nous, dans ce récit, tenir éloignées de la Supérieure générale, celles qui furent ses fidèles auxiliaires, qui réfléchirent pendant tant d'années sa vive lumière, qui dorment maintenant à ses côtés, et que rien n'a pu séparer ni dans la vie, ni dans la mort ?

XIII

La Guerre et l'Évacuation

Il n'est personne en notre pays de France, qui, pendant les terribles années de 1914 à 1918, n'ait été visité par la douleur, et à qui la grande guerre n'ait ménagé toutes sortes de tribulations. La révérende mère Maria eût trop souffert de n'en pas prendre sa part.

Quand une catastrophe éclatait sur un point quelconque, elle était toujours prête, au prix des plus lourds sacrifices, à payer des deniers de la congrégation, et plus encore de sa personne, et de la personne de ses filles. Mais jamais elle ne fut plus active et plus généreuse que contre l'effroyable fléau, qui vint, au mois d'août 1914, effrayer le monde et décimer les populations.

Le 28 juin 1914, l'archiduc François-Ferdi-
nand, héritier présomptif de la monarchie
Austro-Hongroise, et sa femme, s'étant rendus
en visite officielle à Sarajevo, y furent assas-
sinés à coups de revolver par un étudiant serbe.

Ce tragique événement fut accueilli dans le
monde entier par un sentiment unanime d'horreur et de pitié. On plaignit les victimes. Mais,
dès le lendemain de l'attentat, l'Autriche, sans
hésitation et malgré l'invraisemblance d'une
pareille accusation, en rendit responsable le
gouvernement serbe, à qui elle fit remettre, par
son ministre à Belgrade, une note commina-
toire, à laquelle elle demandait une réponse
dans les vingt-quatre heures. La Serbie s'incli-
na pour éviter les complications, et donna satisfaction sur tous les points. Mais la guerre
était décidée d'avance, la guerre la plus formidable que le monde ait jamais vue, la guerre
qui mit en question tout l'avenir de la civilisation, et qui éclata, parce que l'Allemagne la
voulait, et parce qu'elle se refusa hypocrite-
ment à dire le mot qui eût évité cette épouvan-
table calamité. L'Autriche ici, ne fut, en effet,
que l'instrument docile de l'Allemagne.

Le cataclysme se précipita, et les menaces
devinrent vite des réalités. Le tocsin, indica-
teur de la mobilisation, jetant, le 2 août, ses
notes lugubres du haut des clochers des villes
et des campagnes, apprit à tous que la France

entrait dans une phase nouvelle de son histoire, et que la guerre, avec ses conséquences effrayantes, était désormais une éventualité certaine.

Le bon droit, la loyauté et la justice militaient en faveur de notre pays. Il avait conscience de défendre, avec l'intégrité de son territoire, son indépendance nationale; et tout aussitôt les partis firent la trêve de Dieu, et fusionnèrent dans l'union sacrée autour du drapeau de la Patrie.

La révérende mère Maria n'eut garde d'oublier qu'elle était française; et son patriotisme brisa, dès la première heure, les entraves que lui imposait la loi impie de l'exil. En toute hâte, religieux et religieuses accoururent, ne se souvenant plus d'un passé voilé d'ingratitude, et n'ayant au cœur qu'un désir, celui de se sacrifier, et, s'il le fallait, de mourir pour la France.

Il se fit partout une immense croisade de supplications saintes, qui précipita dans les églises trop étroites, croyants et incroyants. La *Sainte-Famille* s'y associa et se réserva une large place dans la prière et l'expiation. On aurait peine à s'imaginer les implorations dont la Supérieure générale donna le signal et l'exemple jusqu'au bout, jusqu'à l'armistice. Elles ne cessaient pas. La chapelle, le cloître, les jardins, la grotte de Lourdes, les salles et les cours

même de récréation ne voyaient que chapelets en mains, bras en croix, regards tournés
vers le Ciel, pélerinages communs ou solitaires
aux statues du Sacré-Cœur, de la Sainte-Vierge
et de Saint Joseph.

Ce n'était pas assez pour une grande âme.
Quels services pourrait-elle rendre par ailleurs ? Elle se le demandait, et ne devait pas
attendre la réponse longtemps.

Les opérations militaires ayant pour théâtre
principal la Belgique, les Flandres et la Picardie, les blessés, les grands blessés surtout dont
l'état réclamait des soins urgents, et qui, pour
la plupart, n'auraient pu, sans danger, être
transportés plus à l'intérieur, affluèrent à
Amiens.

Une ambulance avait été installée dans les
vastes locaux du pensionnat, et des premiers
jours de septembre 1914 aux derniers jours
d'août 1915, les soins y furent donnés aux soldats français, sous la direction du professeur
Monprofit, d'Angers, praticien de valeur in-
contestable et incontestée, « homme au cœur
droit, écrit un de ses infirmiers, à la science
étendue, justement réputé au loin pour son
habileté professionnelle et son patriotisme ardent ».

Il faut lire en entier le récit transmis par le
même correspondant. Il n'est pas une ligne qui
ne laisse percer le désir non affaibli de payer

à ses bienfaitrices le double tribut de sa reconnaissance et de sa vénération. « A peine
l'illustre chirurgien eut-il pris possession des
locaux mis à sa disposition, que la Supérieure
générale de la *Sainte-Famille*, dont la communauté est toute voisine, s'offrit spontanément
et avec supplications à le seconder... Par ses
soins, durant dix mois, médecins et infirmiers
ne manquèrent, ni jour ni nuit, de l'aide la
plus efficace; les blessés furent sans cesse en-
tourés du dévouement le plus délicat.

« Le personnel infirmier de l'ambulance comptait quatorze prêtres. La révérende Mère les
accueillit comme des hommes de Dieu. Ils furent immédiatement « ses prêtres », et pour la
communauté, ils devinrent « nos prêtres ». Il
n'en est pas un qui ne se rappelle les révéren-
ces un peu solennelles, tout imprégnées de religieux respect avec lesquelles elle les recevait,
pas un qui n'ait largement profité de sa bienfaisante sympathie, et qui n'en ait gardé un
souvenir plein d'émotion et de gratitude.

« Mieux que tout ce que l'on pourrait dire,
quelques paroles prises dans les lettres qu'elle
écrivit à l'un d'eux, lorsque l'ambulance eut
quitté la maison, montreront les sentiments de
foi et les trésors de charité qui remplissaient
son cœur. « C'est le caractère sacerdotal que
nous honorions en vous, monsieur l'Abbé, et
voilà pourquoi nous vous prodiguions les té-

moignages de notre affection... « Il faut que
vous soyez prêtres partout et avant tout »...
Tous les jours je demande spécialement au bon
Dieu que vous restiez au milieu des indifférents le sel de la terre, des prêtres pieux et
zélés... Avez-vous le bonheur de dire la Messe
tous les jours ?... Je jalouse les mérites que
cette campagne va procurer à vos âmes...
C'est votre rôle d'oublier vos douleurs pour
consoler les autres »...

Un jour qu'un de « ses prêtres » se décou-
rageait et manifestait sans doute des idées de
révolte, voici ce qu'elle disait : « Pour l'amour
de Dieu, laissez-vous bousculer ; ce sera le
complément de votre vie actuelle. Soyez sourd
et muet dans de telles circonstances ; vous ne
sauriez alors déployer plus belle éloquence...
J'avais besoin de vous dire cela. Ce n'est pas
agréable ; mais c'est méritoire... »

« Ne dirait on pas les préoccupations d'un
directeur de séminaire, avide du progrès spirituel de ses enfants ? Après tout, la différence
est-elle si grande entre la conservation d'une
vocation religieuse, et la conservation d'une
vocation sacerdotale ? Habituée à redouter
les périls du monde pour ses filles dispersées,
et à trembler pour elles, comment n'aurait-elle
pas entrevu les dangers qui menaçaient les
prêtres soldats : isolement de l'âme, dénue-
ment spirituel, lassitudes morales et dépri-

mantes de la vie militaire, occasions faciles et nombreuses ?...

« Pour qu'ils fussent moins exposés à se perdre, pour garder « prêtres pieux et bons » ceux qui étaient chez elle, elle leur prodiguait les témoignages de son affectueux intérêt. Sa générosité inventait sans cesse de nouveaux bienfaits pour leur rendre la vie agréable. Si l'un d'eux avait refusé ses invitations, je suis sûr que la tristesse l'aurait prise. Elle dut répéter bien des fois la prière de Jésus au sortir du Cénacle : « Ceux qui sont ici « mes prêtres », ô mon Dieu, je ne vous demande pas de les sortir de là. Ils y sont par devoir ; c'est leur épreuve du moment. Mais je vous demande de les préserver du mal qui les entoure, qui les pénètre comme l'air malsain qu'on respire malgré soi, et qui empoisonne. Gardez-les, protégez-les, afin que pas **un ne** périsse ! »

« La vigilance de la révérende Mère ne s'étendait pas seulement aux prêtres infirmiers. Elle créa un règlement nouveau pour ses filles.

Dans les salles des blessés, chacune, à son heure et à sa place, devait veiller pour que rien ne manquât au bien être des soldats. Dans la communauté, de la cuisine à la buanderie, les bras disponibles travaillaient pour l'ambulance. Elles furent singulièrement allégées, les charges de l'officier gestionnaire, et aussi celles de l'officier d'approvisionnement ! Ceux-là seuls qui ont vu de leurs yeux peuvent avoir l'idée de la peine, des sacrifices, des dépenses nécessaires pour entretenir dans un état de propreté parfaite plus de deux cents lits de grands blessés. Le docteur Monprofit n'eut jamais à réprimander ses infirmiers ; mais les infirmiers savent aussi ce qu'ils doivent aux religieuses de la « *Sainte-Famille* ».

Et les soldats ? Comme les prêtres infirmiers étaient l'objet de sa prédilection, les blessés étaient l'objet des sollicitudes de la vénérée Supérieure. Elle donnait l'exemple du travail et du dévouement. Qui ne l'a vue aider aux pansements difficiles et au renouvellement des literies souillées ? Elle oubliait alors que la maladie l'avait déjà singulièrement touchée elle-même, et qu'elle n'avait plus toutes les forces de la jeunesse. Avec elle, en un tour de main, l'opération était faite. Il fallait agir vite et bien.

« Aux jours de fête, elle voulait devenir la servante de tous, se réservant toujours la distribution de quelques douceurs, fabriquées à la cuisine de la maison. Elle amenait avec elle ses nièces, élèves du pensionnat. La candeur de leur âge et la fraîcheur de leur sourire mettaient un rayon de bonheur sur les visages des martyrs. Et la distribution s'accompagnait d'un mot aimable, d'une parole encourageante dont les pauvres malades avaient si grand besoin, et dont ils étaient si reconnaissants. « Le corps doit être soigné par les médecins, disait-elle, mais l'esprit et le cœur, c'est notre affaire ! »

« Tout était son affaire dans l'ambulance. Elle soignait les corps, elle touchait les âmes, elle attendrissait les cœurs. Sans se départir jamais d'une parfaite discrétion, elle pénétrait jusqu'à l'intime des plus rudes soldats. Comme ils furent adoucis et consolés, les derniers moments de ceux qui moururent là, loin de leurs mères, de leurs femmes et de leurs enfants !

« Les médecins, peu habitués à rencontrer dans le monde tant de vertu et de désintéressement, ne parlaient de la révérende Mère qu'avec admiration.

Le docteur Montprofit estimait comme il convient, les services de toutes sortes qu'elle rendait à son ambulance, et il s'entremettait pour que fussent révélés au monde les mérites cachés de son dévouement. Nul doute que, s'il eût vécu, la Croix d'honneur ne fût venue en rendre un public hommage. La révérende Mère eût-elle été heureuse de cette décoration ? Une seule pensée aurait consolé sa modestie : la pensée d'avoir travaillé pour Dieu et pour la France. C'est au nom de Dieu et pour Dieu qu'elle se donnait sans compter, et qu'elle redoublait d'efforts et de générosité. La reconnaissance des hommes, c'est à Lui qu'elle l'aurait offerte... Le cœur de ses filles eût été rempli de joie, et le cœur aussi de tous les témoins de sa charité inépuisable ».

« N'est-ce pas déjà une distinction et une récompense du plus grand prix, qu'après la mort du docteur Montprofit, en 1922, le général de Castelnau ait dit à la France entière quelle ambulance modèle il vit à la *Sainte-Famille* d'Amiens, dans les deux visites officielles qu'il y vint faire ? Assurément le médecin-chef n'eût pas souffert le moindre manquement dans la marche et la tenue de son hôpital. Mais, encore une fois, qu'auraient pu faire ses aides, ses infirmiers et lui-même s'ils avaient été seuls ?... »

Or, à l'heure où nous transcrivons cette page d'histoire locale, le gouvernement français annonce son dessein de faire reconduire à la frontière, et au-delà, les femmes admirables, coupables à ses yeux de l'avoir franchie en 1914, pour accourir au secours des blessés ! Il ignore tout, ou, du moins, il veut tout ignorer de leur abnégation et de leur dévouement !

Seul, le gouvernement anglais s'est honoré en décernant deux médailles à la révérende mère Maria Legrand pour lui marquer sa gratitude à l'égard de ses nationaux pendant la guerre.

Par la suite, en effet, les Français **avaient** été remplacés à l'ambulance par les **Austra-**liens, puis par les Anglais, qui occupèrent les locaux jusqu'à la fin de la guerre. La *Sainte-Famille* leur rendit, sans compter, tous les services qu'elle put ; mais les sœurs infirmières cessèrent leurs fonctions au départ de nos soldats, et furent mises à même de se retremper dans les exercices nécessaires de la vie religieuse.

La Supérieure générale ne restreignait point les effets de sa charité aux malades de l'hôpital. La lettre suivante en fournit la preuve : « Nous savons toutes combien elle fut compatissante et généreuse pour nos pauvres soldats, mais on ne le saura jamais assez autour de nous. Combien n'aurais-je pas à dire moi-même de sa bonté envers les miens pendant la guerre. Un jour, elle rencontra ici, à Merville, mon frère qui était venu passer quelques jours de permission. Elle lui serra la main avec émotion et lui dit : « Monsieur, notre maison est la vôtre ; vous y serez reçu à bras et à cœur ouverts, aussi longtemps que votre pays **natal** n'aura pas été délivré. Ne craignez pas de **nous** exposer vos besoins, et croyez bien que c'est une vraie satisfaction pour nous de pouvoir rendre service à nos braves défenseurs. Au revoir ! Que Dieu vous préserve ! »... Mon frère la remercia les larmes aux yeux et disait en s'en retournant : « Quel capitaine elle ferait ! c'est bien dommage qu'elle ne le soit pas ! »

Les infirmières de l'ambulance ne formaient qu'une infime portion du troupeau confié à la révérende mère Maria. L'autre, une bonne centaine étaient réellement les enfants de ses craintes et de sa douleur. Retenues en pays envahi et peut-être prisonnières, où étaient-elles ? que devenaient-elles ? comment vivaient-elles ? Cette préoccupation l'obsédait, et tournait au supplice perpétuel. Quand, de loin en loin, de charitables intermédiaires lui faisaient tenir quelques nouvelles de l'une ou de l'autre, elle s'en réjouissait et invitait aussitôt les sœurs présentes à partager sa joie. C'étaient quelques instants de répit au milieu de continuelles alarmes.

Malade depuis plusieurs années, et déjà très affaiblie, elle avait bien du mal à ne pas ployer sous le lourd fardeau de la responsabilité. Elle endurait à un degré effrayant toutes les affres de l'agonie du cœur. Même après dix ans, on ne songe pas aux tragiques heures du bombardement sans frémir de terreur.

Supérieure, religieuses, enfants, personnes de service s'entassaient au nombre de plus de cent cinquante, dans une cave, parmi les caisses vides, les instruments de travail et les tas de charbon. Souvent réveillées subitement et en pleine nuit, toutes accouraient au refuge

indiqué, comme étant le plus sûr, à demi-
vêtues souvent, quelques-unes tremblantes ou
affaissées, beaucoup d'autres, les plus âgées et
les plus infirmes, au bras de quelques charitables compagnes, pendant que les canons de la
défense faisaient rage, et que les taubes homicides, tournoyant au-dessus des têtes, laissaient entendre les diaboliques ronflements de
leurs moteurs, et que les bombes éclataient,
isolées ou en série, et que les murs croulaient
avec fracas dans un craquement formidable de
toits effondrés, de tuiles et d'ardoises brisées
et de vitres en miettes.

Cependant, on priait et on chantait des can-
tiques dans le sous-sol. A la fin de chaque couplet, la révérende Mère rassemblait toutes ses
énergies pour lancer d'une voix claire et assurée les invocations chères à la *Sainte-Famille* :
« Jésus, Marie, Joseph !... Cœur Sacré de Jésus,
nous avons confiance en vous !... Cœur Sacré
de Jésus, sauvez-nous !... Doux Cœur de Marie,
soyez notre salut !... Saint Joseph, notre protecteur, veillez sur nous !...» Et la prière reprenait plus ardente, unique messagère de confiance.

Ainsi passaient les heures, les heures les
plus affolantes que puisse vivre une existence
humaine, tandis que la protection divine repo-
sait visiblement sur une maison qui avait tout
à redouter de sa proximité avec la gare, dont

elle n'est séparée que par une rue et le pont du chemin de fer. Si les dégâts matériels furent énormes, on n'y eut à déplorer que trois ou quatre blessures sans gravité.

Un autre crève-cœur, le plus cruel peut-être, survenait déjà, menaçant. A la suite du recul soudain de l'armée anglaise, l'ordre fut affiché d'évacuer Amiens. On était au soir du Mardi Saint, 26 mars. Que faire ? L'ennemi était aux portes de la ville, bloquée de trois côtés. On ne pouvait pas rester. Eût-on été résolu à demeurer et à s'ensevelir sous les ruines, que l'autorité militaire ne l'eût pas toléré. Le parti le plus simple et le seul raisonnable n'était-il pas d'obéir ? Déjà les jours précédents avaient été dirigées sur différents points, où l'on pouvait escompter un secours, les enfants, les faibles, les craintives, quelques anciennes. Il était urgent d'aviser aussi pour Amiens et pour Cagny... Oui, que faire dans le désarroi général ? et de quel côté tourner ses regards ? Affreuse perplexité pour une supérieure !

La révérende Mère ne pouvait pas se résigner à partir, au moins avant d'avoir assuré la sécurité de toute la famille. En vain on la priait, on la suppliait : « Elle ne résisterait pas à de pareilles chocs ! Et de toute évidence, le devoir, le devoir, pour elle, n'était-il pas de se retirer quelque part et d'assurer le gouvernement de la congrégation ?... Si elle ne se rend pas aux instances, elle aura pour elle-même un cercueil au jour de Pâques, et les sœurs seront-elles mieux, quand elles n'auront plus de chef ?... » Il fallut céder. Au moins, bonne et prévoyante jusque dans les transes de la mort, elle ne voulut laisser s'éloigner aucune de nous sans le nécessaire, sans le viatique de la route inconnue. Elle fit distribuer largement toutes les disponibilités. Chacune reçut sa part. Elle ne se réserva rien, et elle n'aurait pas eu un sou à sa disposition, si l'on n'avait pensé à lui remettre quelque argent dans une petite bourse. Forte et résignée, elle l'était, bien sûr. Mais, l'âme brisée, elle ne cessait de gémir : « Ah ! laisser nos bonnes anciennes et nos malades, et toutes nos sœurs !... Non, non, je ne puis pas ! »

Elle se laissa conduire à la gare Saint-Roch, le Jeudi Saint 28 Mars, plus morte que vive, sans trop savoir quelle direction elle allait prendre. Elle toucha Granville un matin, le lundi de Pâques, au bout de quatre jours et quatre nuits de voyage, à travers des trajets et des délais invraisemblables. De là, elle gagna Saint-Malo, puis Jersey, où l'attendait le révérend Père Legrand, son frère. Elle emmenait avec elle une petite colonie qui comptait une vingtaine de personnes.

Laissons-lui la parole maintenant, et nous l'entendrons, la suivant dans sa voie douloureuse, épancher ses tristesses dans le cœur de ses enfants, leur dire ses inquiétudes et ses affectueux soucis à leur égard, et leur faire part enfin, quand vint l'armistice, le 11 novembre 1918, de ses motifs d'espérance et de consolation.

« Que vous dire, mes chères Sœurs ? Je me reproche de vous avoir quittées et de n'être point auprès de vous pour partager vos tribulations, celles de Cagny et des pauvres filles de sœur Hortense... On me dit qu'une des nôtres a été blessée et dirigée sur Beauvais. Pourquoi ? Je ne puis me l'expliquer d'ici. Pouvez-vous vous ravitailler ? Avez-vous du pain ? Que je voudrais avoir de vos nouvelles ! Dites-moi bien tout, si vous le pouvez !... »

De St-Malo, le 10 avril 1918.

« Nous avons remercié ensemble la bonne Providence de la protection dont elle vous entoure, vous qui êtes restées exposées au danger... Je souffre d'être loin de vous ! Soyez prudentes, ne vous exposez pas, et que toutes soient dociles à vos recommandations pour les précautions à prendre. Nous sommes restées plusieurs jours à Saint-Malo, dans un sanatorium, chez des religieuses qui nous ont gâtées.

Mais, tout le confortable ne vaut pas nos **vieux** murs. Pauvre noviciat, incendié, détruit !... »

De Jersey, Saint-Hélier, le 19 avril 1918.

« Si vous le pouvez , envoyez-moi mon paroissien qui est très complet et si commode. Je suis presque confuse de vous demander **un** pareil service, pendant que les obus pleuvent autour de vous... La nuit dernière, la lune était bien belle ici, elle m'a serré le cœur, comme là-bas, chez nous, et j'ai dit un « Souvenez-vous » pour le n° 22 bis. Vous connaissez maintenant les incidents de notre voyage, mais qu'est-ce que cela auprès de votre vie actuelle ? **Nos** sœurs sont-elles en route vers Toulouse ?... Les filles de service sont-elles à Cagny et à **l'abri** quelque part ?

Que le Saint-Esprit vous éclaire !

St-Hélier, le 25 avril 1918.

« Nous souffrons, je souffre de l'éparpille-ment de notre grande famille, des dangers que vous courez à Amiens, des blessures de notre chapelle et de notre maison. Une dépêche d'Ab-beville m'a fait connaître le départ forcé de quarante-deux infirmes pour Ault ou pour Paris. Pourquoi ? pourquoi ? Mon Dieu ! que se passe-t-il ?... »

St-Hélier, le 2 mai 1918.

... « Je reçois à peu près régulièrement vos lettres. Je sais que notre chapelle n'a plus de vitraux, mais deux grands trous béants sur le toit, qu'un obus est allé éclater dans l'infirmerie du haut et a fait pas mal de dommage. Certainement, ces nouvelles m'attristent, mais que sont des pertes matérielles, que les jeunes sauront restaurer ? Elles ont la vie sauve, les braves, c'est l'essentiel. Je voudrais leur répéter que leur vie est bien plus précieuse que les murs, si chers pourtant ! Qu'elles soient prudentes !... Les lettres sont longtemps en chemin et c'est une souffrance ajoutée à tant d'autres que d'être sans nouvelles fraîches... »

« Nos sœurs sont arrivées à Toulouse, d'autres sont en route pour Saint-Brieuc, Angers, Cholet, La Rochelle. Aussitôt que Mère Anysie aura un asile, on tâchera de réunir tout notre petit monde. Vivre ensemble, souffrir ensemble, s'il le faut, c'est la grâce que je demande au bon Dieu, par l'intercession de Marie Immaculée et de saint Joseph... J'accepte religieusement tous nos malheurs. Qu'ils nous aident à nous sanctifier davantage, et qu'ils nous valent la grâce de nous reconstituer un jour pour reprendre nos œuvres !... »

St-Hélier, le 10 *mai* 1918.

... « Je commence par ce que je répète constamment : votre vie vaut plus que tout le maté-

riel. Ne vous exposez donc pas ! Quand vous ne
pourrez plus tenir, dirigez-vous du côté de la
mer, vers Ault... J'ai le cœur bien triste en
pensant à toutes. J'aurais voulu accompagner
le père Legrand en France ; il ne veut pas de
moi ; il va un peu à l'aventure, en quête d'un
abri pour les nôtres. Nous prions pour qu'il
réussisse dans ses démarches. Il ira sans doute
à la Ferté, où mon autre frère se trouve dans
une bien triste situation. Il a pu louer une mai-
sonnette ; mais, pas de travail, pas de linge,
pas de vêtements, pas de charbon. Les enfants
vont ramasser du bois à travers champs... Et
nos pauvres filles, où sont-elles ? Respect à
monsieur le Curé ! Bon souvenir à Jean-Baptiste !... »

St-Hélier, le 11 *mai* 1918.

... « Gardez auprès de vous la chère Sœur E.,
pour le grand bien et l'honneur de la congrégation. Il faut édifier nos sœurs de Toulouse par
votre vie religieuse et bien régulière. Veuillez
le demander en mon nom... Ma santé, puisque
vous désirez le savoir, n'est pas brillante. J'ai
beau faire et me raisonner ; je ne puis pas me
faire à cette séparation et à cet anéantissement
de nos œuvres ! Et cependant, je m'obstine à
demander au bon Dieu, avant de quitter ce
monde, de nous réunir sur la terre de France !

... Ne croyez pas tout de même que je sois
alitée. Oh ! non, mais les soucis se font sentir
plus lourdement. »

« Aujourd'hui nos réfugiées sont en promenade au mont des Pendus... De là, elles pourront contempler, et de loin, hélas ! saluer notre
pauvre France, nos établissements, nos sœurs,
comme je le fais d'ici en vous écrivant. »

St-Hélier, le 12 mai 1918.

... « Combien je pense à vous quatre qui êtes
sous le feu de l'ennemi ! c'est à tous les instants du jour et de la nuit ! — D'après un
journal anglais qu'on m'apporte, Amiens
n'existerait plus, la plupart des rues auraient
été incendiées ! Je souhaite qu'il soit mal
informé. Devant le feu vous ne pourriez tenir.
Une fois de plus, ne soyez pas vaillantes jusqu'à la témérité !... Le révérend Père est à
Paris, il ira demain à Nantes visiter aux environs une grande propriété, proposée par Monsieur l'Aumônier. Ils verront ensemble si cela
peut vous convenir. Que nos sœurs se groupent
à Ault, Paris, Angers, Toulouse, si cela se peut.
C'est nécessaire à la vie religieuse. Pour ce qui
est des carreaux cassés, des trous à boucher,
des murailles à relever, cela ne me fait pas
peur, et ce sera tôt fait quand le Boche aura
disparu. En attendant ce beau jour, vivons

bien religieusement, acceptons ennuis et souffrances pour notre chère Société si éprouvée... La lune me fait toujours peur ; elle est trop belle, elle ne doit pas vous laisser dormir en paix. Soignez-vous bien mutuellement, ne vous fatiguez pas outre mesure ; soyez des Marie avant d'être des Marthe !... »

St-Hélier, le 21 mai 1918.

... « Une vie comme la vôtre, dans les caves et sous les obus, doit être bien méritoire, si vous avez soin de tout offrir au bon Dieu, et c'est ce que vous faites certainement. Notre-Seigneur dans une soute à charbon, pour demeurer avec ses enfants ! J'en demeure stupéfaite, mais si contente ! Vous avez dû orner ce cachot, et vous devez aller bien souvent saluer le divin Prisonnier avec vous ! »

St-Hélier, le 26 mai 1918.

« Vous avez bien fait d'accepter l'offre de monsieur Degrave et d'aller passer la nuit à l'Hôtel-Dieu. Surtout ne vous laissez pas surprendre par l'invasion... Que dit-on à Paris, rue Rataud, depuis que nos sœurs y sont hospitalisées ? La *Bertha*, qui se fait de nouveau entendre, n'est pas pour les rassurer. Quelle guerre ! quelle calamité !... »

St-Hélier, le 31 mai 1918.

... « Je suis heureuse que toutes édifient nos sœurs du Midi... Pour la consolation de deux ou trois, je dirai que nous passons notre temps à raccommoder du linge et des bas pour l'amour de Dieu. Que voulez-vous ? Il faut accepter religieusement la situation. Les nôtres ont bien fait de s'offrir pour la veillée ; qu'elles ne reculent devant aucune tâche... Merci pour nos filles de service ; ces pauvres sont dignes d'intérêt. Quand on les aura vues à l'œuvre, les propos inconsidérés tomberont à l'eau, et l'on constatera qu'elles sont plus faciles à conduire que celle qui les juge si défavorablement. Elles ne sont difficiles ni pour la nourriture, ni pour le logement, et elles n'hésitent pas devant le travail. »

St-Hélier, le 2 juin 1918.

... « Pauvre Amiens ! Pauvre maison ! toutes ses blessures m'atteignent au cœur. Pourvu que nous nous trouvions réunies après l'ouragan, nous rendrons grâces à Jésus, Marie, Joseph... Dieu nous avait tout donné ; il nous a tout ôté ; que son Saint Nom soit béni ! Des pertes matérielles, ça se répare. Qu'on se défasse de tout ce qui n'est pas indispensable. Je dirais même de tout vendre, si l'on n'avait besoin de lait et d'œufs... »

St-Hélier, le 9 juin 1918.

« Une première escouade va partir de la rue Râtaud pour La Montagne et le château d'Aux, définitivement loué. Nous allons ainsi éviter de nouveaux morcellements que nous aurions dû subir, si nous avions été contraintes de nous en aller à la Ferté-Macé et à **Erquy** (Côtes-du-Nord). Mais une grande épreuve pour Mère Anysie, c'est l'état grave de sœur Jean-Marie qui ne peut-être transportée maintenant. Quand l'installation sera achevée du côté de Nantes, le château qui est très grand et meublé, sera le centre où se rallieront nos sœurs. C'est beaucoup de tracas ; pourquoi n'en ai-je pas ma part ? A quand la réunion de toutes ? Que je la désire ! J'offre mes ennuis et mes souffrances, pour que Dieu ait pitié de nous, et nous donne bientôt la victoire et la paix. »

« Envoyez au plus tôt à La Montagne tables et bancs, linge dans des sacs, et aussi le *Centenaire,* si on le peut. Je parle comme si tout se faisait par enchantement. Allez au mieux, sans vous tourmenter... »

St-Hélier, le 21 *juin* 1918.

... « Que Dieu soit béni de tout ! Ce dernier obus sur la Chapelle m'a fait verser des larmes. Et puis on se ressaisit. Si Dieu prête vie, on relèvera les ruines. Il sera beau le jour de la résurrection ! Quand luira-t-il ? Hâtons-le par nos prières et sacrifices !... Pour ne pas l'oublier, dites à Jean-Baptiste que je lui souhaite la bonne fête, et donnez-lui la pièce, ou l'équivalent en nature... »

St-Hélier, le 23 juin 1918.

« Votre lettre du 20 est arrivée avant celle du 18. *Fiat !* Je m'attends à tout. Si le Bon Dieu veut ne plus rien nous laisser, que sa sainte volonté soit faite ! Tous ces coups répétés me percent le cœur. Mais je souffre moins des plaies du noviciat que de la grosse trouée de notre chapelle. Dieu sait mieux que nous ce qu'il nous faut, et nous serons obligées de mieux pratiquer la pauvreté. Pourvu que nous restions fidèles et que nous nous retrouvions après la tourmente !... »

St-Hélier, le 25 juin 1918.

« Au milieu de nos grandes épreuves, nous devons reconnaître les attentions de la Providence sur nous. Vous avez trouvé à Toulouse un accueil on ne peut plus fraternel... Mère Anysie a dû arriver hier à La Montagne... Monsieur l'Aumônier va nous être rendu !... Je vous envoie une vue du château d'Aux, façade sur la Loire. Ce n'est pas la principale. Il y a grande salle à manger, grand salon et salle de billard au rez-de-chaussée. Pour un lieu de refuge, ce n'est pas trop mal ! On pourra loger là, en se tassant, une bonne centaine. Je vais vous quitter pour aller porter votre souvenir aux pieds de Notre-Seigneur. Plusieurs fois le jour, je vous fais passer toutes devant son Cœur, en le priant de vous embraser du feu de son amour. Plus nous l'aimerons, plus sa croix nous semblera douce. Soyons heureuses de souffrir !

P.-S. — On n'est pas à Toulouse pour se promener et se payer du plaisir. Qu'après une visite à domicile, Sœur M... se contente de recevoir ses parents au parloir. Si l'on demande qu'elle s'occupe de sa jeune sœur jusqu'aux examens, que celle-ci vienne prendre ses leçons à la communauté. »

St-Hélier, le 29 juin 1918.

« Ce m'est un grand soulagement de savoir sœur H. avec ses filles auprès de vous. Jamais je n'ai senti comme maintenant combien je les aime. Oui, faites vous quêteuse pour les habiller proprement. Je compte aussi sur vous pour maintenir la régularité, la politesse, la fraternité. Veillez bien aux liaisons qui ne pourraient être que nuisibles aux unes et aux

autres entre religieuses d'ordres différents.
Cela est essentiel. Soyez serviables, toutes, de
vraies sœurs, mais gardez votre indépendance
et considérez-vous un peu comme le poisson
hors de l'eau... Pas de mauvaise humeur devant le sacrifice. Il faut insister là-dessus. Il y
en a tant d'autres plus à plaindre qui vivent
dans les caves, tant de soldats dans les tran-
chées ou sur les champs de combat ! Ne soyez
pas des dégénérées ! »

St-Hélier, le 30 *juin* 1918.

... « La meilleure préparation à la retraite
que vous allez faire, c'est de relire la règle et
de souligner les points où les manquements
sont plus habituels, puis d'accomplir le devoir
de chaque jour sous le regard de Dieu, d'aimer
à vous trouver ensemble. Plus vous serez unies,
moins l'exil sera pénible, et plus vous attirerez
les bénédictions sur notre chère Famille dispersée... »

St-Hélier, le 15 *juillet* 1918.

« Voici tout à place à La Montagne, dans
notre château, où logent une centaine de personnes un peu à l'étroit, il est vrai, mais les
vastes espaces des jardins, des parcs et des
bois qui nous entourent, nous permettent de

respirer à pleins poumons. La Loire coule au bas ; de nos fenêtres nous voyons passer les bateaux. Si ce n'était un lieu d'exil, on s'y plairait. Cela ne veut pas dire que nous ne regrettions pas Amiens. Rien ne peut remplacer notre cher berceau, pas même un beau manoir de Bretagne. Mais qu'il fait bon se confier à la Providence ! Je vais aller visiter nos sœurs de Cholet et ensuite je partirai pour Ault. Mais mon laissez-passer n'en finit pas d'arriver... »

La Montagne, le 8 août.

« Quand j'irai vous voir, nous reparlerons du pélerinage à Lourdes. C'est ensemble que nous irons, s'il plaît à Dieu, remercier notre divine Mère de sa protection.

La Montagne, le 8 septembre 1918.

... « Mes bien chères Sœurs, *Deo Gratias !* Je ne veux laisser à personne le plaisir de venir vous saluer dans votre chère ville de Lille reconquise. Que de souffrances, de privations, de deuils peut-être depuis quatre ans ! Le revoir nous fera vite oublier les épreuves passées. Nous avons bien prié, pour que vous fussiez au milieu de l'ennemi des femmes dignes et vaillantes, et que votre moral se conservât à la hauteur des circonstances. Combien le joug odieux du Teuton a dû vous peser ! »

Amiens, le 20 *octobre* 1918.

« Sœur Adèle a failli se tuer en tombant dans la cave ; elle ne peut plus courir ; avec ses soixante-dix-huit ans, elle en veut faire plus que les jeunes. Il y a tant à faire ! Qui n'a pas vu nos ruines. ne s'en fera jamais une idée. On trime depuis deux mois sans arrêt, et on peut se demander cependant si quelque chose a été fait. C'est triste à voir. J'évite d'aller de ce côté-là. Même spectacle à Audregnies, où les derniers jours de l'occupation ont été très durs, horribles même. Mère Claire-Marie et les sœurs n'ont pas quitté la cave pendant quatre jours et cinq nuits. Durant ce temps, une cinquantaine d'obus, dont cinq sur la maison, sont tombés dans la propriété. La compensation est dans la délivrance qui commence enfin. Gloire à Dieu !... »

Amiens, le 24 *Novembre* 1918.

« Enfin, nous sommes arrivées. L'attente a été longue. Il faisait froid sur le quai, où nous sommes restées trois quarts d'heure sous la neige. Je pensais au voyage de la *Sainte*

Famille à Béthléem, et je priais saint Joseph de nous trouver une place dans un wagon quelconque. Le train fut pris d'assaut par la foule, et saint Joseph nous réserva un trajet en première classe. Le compartiment était déjà au complet, mais les personnes qui l'occupaient se serrèrent pour nous faire une petite place... J'ai reçu partout un chaud accueil, dont je suis très reconnaissante. Il fait bon dans nos résidences. Que Dieu y règne toujours en Maître, et que nous lui prouvions notre soumission par une grande charité mutuelle ! Que chacune se nourrisse de cette pensée : « Pourvu que les autres soient heureuses, moi, ce n'est rien ! », et elle jouira du centuple promis à la vraie religieuse... Je vous reste plus unie que jamais dans la prière et l'amour de notre chère *Sainte-Famille.* »

Hazebrouck, le 23 décembre 1918.

« Dans ma communion, faite en l'église d'Etaples, j'ai formé des vœux pour toutes mes filles encore dispersées aux quatre coins de la France. J'ai demandé pour toutes un grand amour de Dieu et des âmes ; et, pour en arriver là, un désir sincère d'être exactes à la règle, d'où dépend notre bonheur de maintenant et de toujours... »

Etaples, le 13 janvier 1919.

.. « La mort subite que vous m'apprenez, me cause une grande peine. Adorons la main divine, dans le chagrin comme dans la joie. Notre vie ne tient qu'à un fil qu'un souffle peut rompre. Il faudrait être bien téméraire pour abuser des grâces semées sous nos pas, et ne pas trembler à la pensée de cette mort foudroyante, si quelqu'une n'était pas toute à son devoir.

Amiens, le 22 *février* 1919.

« Le mois de février touche à sa fin. Tous les jours, deux sœurs se rendent à Saint-Acheul pour recommander à notre bon Père tous nos besoins. Aucune n'est oubliée... Je fais mes préparatifs en vue d'un prochain départ pour La Montagne, et de là pour Toulouse. Je dois à la mère Assistante, si durement frappée par la mort de la Supérieure générale, une visite de condoléances, et une visite de reconnaissance pour l'accueil tout maternel fait à nos sœurs. Ce voyage, je l'appréhende ; mais, si c'est pour la plus grande gloire de Dieu et le bien des âmes, demandez pour moi la santé et les grâces qui me sont nécessaires pour l'entreprendre... »

Amiens, le 25 *avril* 1919.

... « J'avais formé de beaux projets, entr'autres, celui de me rencontrer avec vous aux pieds de Notre-Dame de Lourdes. Je n'aurai pas ce bonheur. On met obstacle à ce voyage pour raison de santé, et je dois m'incliner...

La Montagne, le 13 juin 1919.

... « Préparez-vous à quitter le Midi et à réintégrer le Nord à bref délai. Ault a pris la tête de la marche en avant. La Montagne commence aussi à s'ébranler. Un premier groupe doit s'embarquer ce soir, les plus anciennes et les moins valides ; un deuxième suivra le 15 de ce mois ; un troisième le 22 ; un quatrième le 25, et un dernier le 30 ou le 31, après avoir remis la clef à la châtelaine. Priez pour tous ces retours dont nous nous réjouissons. »

Amiens, le 4 juillet 1919.

Ces nombreuses citations que ne précède ni n'accompagne, à dessein, ni note, ni commentaire, parlent un langage que rien ne saurait remplacer. La correspondance de la révérende mère Maria, durant la période si mouvementée de l'évacuation, constitue des éphémérides vécues, et par suite, souverainement intéressantes. Elle doit rester comme une des pages les plus vivantes de l'histoire de la *Sainte-Famille.* Ces lettres vaudraient elles-mêmes d'être éditées, ou tout au moins conservées comme un trésor. Elle les écrivit pour maintenir et étendre le bienfait de son autorité et de son influence sur ses sœurs ; et, de fait, longues ou brèves, denses de fortes pensées, chaudes de tendresse éclairée, débordantes d'attentions délicates, vibrantes d'esprit de foi, elles apportaient un stimulant et la consolation attendue. En même temps que son âme, sa congrégation vit et palpite jusqu'entre les lignes. Elle-même y souffre de toutes les souffrances, comme si elles étaient les siennes, et elle y joint des nouvelles, de ci et de là, de sages conseils et de sages avis, pour ménager, sous vingt formes diverses, la même conclusion : « Prions, patientons, supportons tout pour la France et la *Sainte-Famille !*

Que les religieuses ajoutent à cette photographie de leur Supérieure le souvenir des vertus dont elles furent les témoins les plus incontestables, et qui ne firent que progresser pendant les dernières années de sa vie, et elles comprendront que nous écrivons la biographie d'une tendre et sainte Mère.

XIV

Le Centenaire

Le *Centenaire*, célébré le 5 février 1917, au jour même anniversaire de la fondation de la *Sainte-Famille* d'Amiens, fut, avec la reconstitution de la vie commune, après la guerre, la dernière grande joie de la révérende mère Maria.

Depuis plusieurs années déjà, elle vivait dans l'attente de ce beau jour, et dans la crainte de n'y pouvoir parvenir. Et voici que ce jour est là, éveillant dans les cœurs un immense besoin de reconnaissance. En évoquant l'existence tout entière de leur Institut, les religieuses de la *Sainte-Famille* voyaient se lever, à tous les horizons, les plus doux et les plus touchants souvenirs. Ils leur venaient du pays Bisontin, la vraie terre natale, et de leur première enfance, de leur translation sur les bords de la Somme et de leur formation à l'enseignement, de leurs premières résidences, et des villes et des villages qu'elles avaient catéchisés. Chers souvenirs ! ils étaient légion, et ils disaient par mille et mille voix : « Vous souvenez-vous ? vous souvenez-vous ? Vous souvenez-vous du premier logis et de son extrême pauvreté, semblable à celle de Bethléem ? Vous souvenez-vous de nos premières Mères, et de leur esprit de foi, et de leur amour pour la gloire de Dieu, et de leur zèle pour le bien des enfants ? Vous souvenez-vous de la rapide multiplication, de la multiplication merveilleuse des vocations ? Vous souvenez-vous des établissements qui semblaient sortir de terre comme par enchantement, et où des centaines d'institutrices ne suffisaient qu'avec peine à la tâche ? Vous souvenez-vous de tant de grâces reçues, de tant de bienfaits signalés, de tant d'âmes instruites, consolées, christianisées ?

Oh ! oui, elles se souvenaient. Mais, au-dessus des suaves images du passé, rayonnait une date sacrée, la date de la fondation d'Amiens, qui avait été le principe de la puissance, de la fécondité et des plus précieuses bénédictions pour la Société. Pouvait-on la passer sous silence ? et n'y devait-on pas chercher plutôt, au milieu des inquiétudes et des tristesses de l'horrible guerre, une raison de plus de se renouveler dans l'esprit primitif de la congrégation, et en même temps, de rendre grâces à Dieu pour les faveurs reçues et le bien accompli durant tout un siècle ? (1)

La révérende Mère s'adressa à sa famille religieuse pour lui dire avec les accents de l'Esprit-Saint : « Venez, mes Sœurs ! joignez-vous à moi ! tressaillons d'allégresse dans le Seigneur, et célébrons le *Jubilé du Centenaire,* en Dieu, notre salut ! »

Un centenaire ne peut être qu'une fête, et une grande fête. Il acclame cent années de labeur, employées à la plus haute des vocations, qui est d'enseigner Dieu aux enfants du peuple, en jetant à pleines mains, dans le champ du Père de famille, les célestes semailles. Monseigneur de la Villerabel, Evêque d'Amiens, l'entendait ainsi, et lorsque la révérende Mère se présenta pour prier sa Grandeur de vouloir bien elle-même célébrer, le 5 février, dans notre chapelle, la messe d'actions de grâces, Monseigneur répondit :

« Ma bonne Mère, vous serait-il agréable d'avoir une messe et des vêpres pontificales ?

— Monseigneur, nous n'oserions prétendre à une telle faveur.

---

(1) Ce chapitre est emprunté pour la plus grande partie à la brochure *Le Centenaire des Religieuses de la Sainte-Famille*. Février 1917.

— Cette faveur, je vous l'accorde. Je passerai avec vous, la journée du 5 février tout entière. Je suis trop heureux de donner à la *Sainte-Famille* un nouveau témoignage de ma particulière estime, et de mon entier dévouement. »

De son côté, monsieur l'Aumônier s'employait avec une insistance toujours plus marquée à disposer les esprits et les cœurs.

« Que chacune de vous apporte à l'édifice sa petite pierre. Qu'elle ait à cœur de contribuer par ses prières, son travail, ses sacrifices, à rendre la fête plus splendide : qu'elle donne pour cela tout ce qu'elle peut donner de ses forces, de ses moyens, de sa personne. »

Et chacune, de réaliser ce vœu, et de se dépenser pour le *Centenaire.* Parer la chapelle comme aux plus grands jours, orner le cloître, embellir la salle des retraites, donner à toute la maison, voire même au réfectoire, un petit air de fête : quel mouvement, quel charme, quel entrain dans le travail !

Et chacune dans son intérieur s'exerçait surtout à se retremper dans la foi, la confiance et l'amour, à élargir son âme aux faveurs et aux bénédictions spéciales du Centenaire. « Au jour de vos solennités, dit le Seigneur, je vous introduirai dans une terre, où coulent le lait et le miel. »

Les prémices, qu'on appellerait volontiers les premières vêpres de cette grande solennité

furent tout intimes. Dès la veille, un même
sentiment d'amour et de gratitude réunissait
la communauté auprès de la révérende Mère...
La famille, hélas ! n'était point au complet.
La difficulté des communications, le froid ex-
cessif et continu, 14 et 15° au-dessous de zéro,
avaient empêché la plupart des supérieures
des établissements de répondre à l'invitation
qui leur avait été adressée. De plus, la guerre
avait élevé entre Amiens et les régions occupées par l'ennemi, une barrière infranchissa-
ble. Les pensées s'en allaient à la Mère Claire-
Marie et aux sœurs de la Belgique, du Nord,
du Pas-de-Calais, de la Somme, retenues en
pays envahi. Et, nul n'en doutait, elles aussi
venaient vers Amiens, elles étaient là à cette
heure. et les cœurs ne faisaient plus qu'un
seul cœur, les âmes, une seule âme, pour exprimer à la vénérée Mère, félicitations pour le
passé, souhaits ardents pour l'avenir, un avenir toujours plus florissant, toujours plus
consolé.

Vers le Ciel montèrent en premier lieu les
louanges et les supplications ; avec ferveur on
chanta la prière du Centenaire :

I

D'un siècle de labeurs, au sein de la souffrance,
Nous fêtons en ce jour, le souvenir pieux ;
Oui, redisons bien haut notre reconnaissance
Pour le Dieu tout puissant, notre Père des Cieux.

REFRAIN

Que les échos du Sanctuaire,
Seigneur, t'apportent jusqu'aux Cieux,
Pour célébrer ce Centenaire,
Notre amour, nos mercis, nos vœux.

II

Célestes protecteurs, Jésus, Joseph, Marie,
Que de bienfaits reçus par vous depuis cent ans !
Toujours, veillez sur nous de la Sainte Patrie,
Bénissez nos maisons, nos œuvres, nos enfants.

Une des Mères conseillères se fit ensuite l'interprète de la communauté et s'adressa en ces termes à notre révérende Mère :

« Voici le jour que le Seigneur a fait, jour des ferventes actions de grâces et des saintes jubilations, mémorial des bienfaits de Dieu sur la *Sainte-Famille* pendant ce premier siècle de son existence à Ameins.

C'est notre *Centenaire !* fête sur la terre, fête dans l'au-delà ! Nos vénérées Mères Fondatrices et celles qui successivement ont hérité de leur charge, de leur esprit et de leurs vertus : nos Sœurs qui nous ont précédées dans la gloire, toutes nous invitent à chanter les miséricordes du Seigneur et la conduite admirable de sa Providence sur notre bien aimée Société religieuse.

La *Sainte-Famille,* comme toutes les œuvres divines, ne doit rien aux ressources humaines. Fondée sur la pauvreté et la confiance en Dieu, elle a prospéré. De nombreux établissements se sont ouverts pour recevoir une jeunesse avide de connaître la vérité, désireuse de se former à la vertu. Il nous souvient de cet âge heureux, que l'on a si bien nommé *l'âge d'or* de la congrégation.

Mais il entre dans le plan divin que toute famille religieuse s'épure dans le creuset de la souffrance : le bon Dieu a fait cette grâce à notre chère *Sainte-Famille.* Les lois néfastes de 1881 et de 1886, dirigées contre l'enseignement chrétien, furent une épreuve d'autant plus grande, qu'elles mettaient en péril la vie intérieure. Et cependant, elles n'étaient que le présage de la tempête qui se déchaîna odieuse, perfide, au début de ce siècle.

Vous étiez là, notre révérende Mère, choisie par Dieu, pour diriger notre chère congrégation dans les jours les plus malheureux de son histoire. Conseillée, soutenue, consolée par votre assistante, la bonne, calme, digne, intrépide Mère Angélina, dont nous nous faisons un pieux devoir d'évoquer en ce moment la toujours chère et toujours regrettée mémoire, vous avez montré une telle sagesse que l'on a pu dire : « Dans cette crise meurtrière, la *Sainte-Famille* a été conduite *supérieurement.* » Vous nous avez sauvées ; votre confiance en Jésus, Marie, Joseph a réalisé ce prodige. Et s'il nous est donné de fêter notre *Centenaire*, c'est à vous, après Dieu, que nous le devons.

Nos âmes ont besoin de donner libre cours à leurs sentiments de reconnaissance et de joie, nous prions la bienheureuse Vierge de nous prêter son cœur pour glorifier Dieu qui a fait en nous de si grandes choses. Marie, notre Mère Immaculée, n'a-t-elle pas été constituée la véritable supérieure de cette maison ? Notre révérende Mère Marie-Félix lui en remit les clefs, ne voulant être que la petite *commissionnaire de la Sainte-Vierge.* Cet acte de filial amour fut ratifié par chacune de nos vénérées Supérieures, et nous n'avons pas oublié, notre très révérende Mère, la procession du couronnement de Notre-Dame de Brebières, où vous portiez avec une dévotion touchante, les petites clefs d'or symbolisant le contrat passé entre la Reine du Ciel et la *Sainte-Famille.*

Que notre divine gardienne veille toujours sur la Maison qui lui a été confiée ! Elle est notre Mère ; que, pour votre bonheur, Mère vénérée, elle croisse en mille et mille générations, et qu'une multitude de jeunes vierges viennent après elle dans le temple du Roi ! Qu'elle nous abrite toutes, Mère et enfants, présentes et absentes, dans son cœur maternel, et nous garde dans la simplicité... »

La révérende Mère admire alors les tendresses ineffables dont le Ciel a comblé la *Sainte-Famille* depuis un siècle ; elle remet sous les yeux, les beaux exemples de celles qui ont précédé les sœurs d'aujourd'hui, les invite à les imiter dans leur fidélité à la règle, à les suivre dans la voie du renoncement et de l'abnégation où elles ont marché si généreusement. Elle prie la *Sainte-Famille* du Ciel de veiller toujours sur la petite famille consacrée à son nom béni, de l'augmenter, de la conserver dans l'esprit de pauvreté, de simplicité qui a toujours fait sa force et sa gloire. Elle demande aux saints Protecteurs de hâter le bienheureux moment de la paix, qui comblera tous les désirs et rendra les sœurs à leurs sœurs, les enfants à leurs mères...

Le pensionnat fut ensuite présenté par Mme L. Piteux, son excellente directrice. Héritier du nom qu'il doit à la congrégation et qu'il n'a cessé de porter avec fierté, abrité dans les locaux qui furent si longtemps sanctifiés par ses membres, et qui restent tout embaumés du parfum de leurs vertus, il se devait à lui-même d'offrir à la Mère générale, l'hommage de ses congratulations et de ses vœux. Il le devait également à ces innombrables générations d'enfants formées dans les écoles de la *Sainte-*

Famille et qu'il représentait pour la circonstance. C'est donc au nom de toutes qu'une enfant de Marie lut l'adresse suivante :

« Le chant est de toutes les fêtes,
« Voix du Ciel et voix de la terre,
« Il traduit l'amour, le bonheur,
« L'espoir vivant au fond du cœur...
« Oh ! chantons pour le Centenaire !

Oui, Mère vénérée, permettez-nous de vous offrir dès aujourd'hui l'hommage de notre premier chant d'allégresse. Nous vous l'exprimons en une prose bien modeste, mais il est tout empreint de notre respectueux attachement et de notre profonde gratitude.

En voici le premier couplet, celui de *l'action de grâces.*

Depuis cent ans, le Bon Dieu conduit, protège et bénit visiblement la *Sainte-Famille.* Le grain de sénevé est devenu un grand arbre, et les oiseaux du ciel se sont abrités nombreux sous ses rameaux. Les vents se sont déchaînés, leur souffle impétueux ne l'a point abattu... Gloire à Dieu ! Gloire à Marie Immaculée, première supérieure de la congrégation, au bon saint Joseph, votre pourvoyeur incomparable, aux saints Anges, vos précieux auxiliaires ! Avec les chœurs des Esprits Bienheureux, avec les saints, surtout avec les élus dont la *Sainte-Famille* a peuplé le Ciel, nous chantons de toute notre âme, le cantique de l'amour reconnaissant :

Te Deum laudamus !

... Notre second couplet vous présente, révérende Mère, nos félicitations les plus respectueuses.

Depuis vingt ans vous êtes à la peine, que d'épreuves vous avez connues ! La persécution acharnée contre les écoles chrétiennes, la dispersion de vos religieuses, l'exil du noviciat, la perte ou l'éloignement de conseillères aimées, la souffrance morale, la douleur physique, et, à cette heure, la guerre terrible avec ses deuils et ses larmes, avec ses inquiétudes mortelles au sujet des chères absentes.

Et sur ce calvaire, vous êtes restée, vous restez toujours debout. Bien plus, votre énergie surhumaine et votre foi profonde ont tout sauvé : la congrégation, ses maisons, ses œuvres. Notre cher pensionnat est florissant, et les écoles de la *Sainte-Famille* distribuent à des milliers d'enfants le pain de la vérité.

Soyez bénie, très révérende Mère, pour votre dévouement et votre abnégation ! Soyez bénie d'avoir assuré pour une multitude de jeunes âmes la grâce de l'éducation chrétienne ! Toujours gloire à Dieu qui vous a donnée pour Mère en de telles circonstances et qui vous conserve à notre filiale affection ! Pour ce bienfait, nous disons à plein cœur le chant de la joie reconnaissante :

Te Deum laudamus !

... Que chanter en notre troisième couplet, sinon l'espérance ?.....

L'ouragan s'était abattu sur le lac de Génésareth ; les eaux s'agitaient menaçantes.... Jésus se lève, il commande aux vents et à la mer, et le calme se rétablit.

En face d'une telle puissance et d'une telle bonté, peut-on craindre encore ?... Ah ! le temps vient et il n'est pas éloigné, où le Maître imposera silence à la tempête, où il arrêtera le flux de l'orgueil humain.

Alors, sur les flots redevenus tranquilles, avec Jésus pour pilote au gouvernail, sous la garde de Marie et de Joseph, la barque de la *Sainte-Famille* voguera en paix vers les rives éternelles. Et les heureux passagers rendront gloire à Dieu et rediront avec élan l'hymne de la confiance reconnaissante :

Te Deum laudamus ! »

La révérende Mère émue et très fatiguée prie monsieur l'Aumônier de prendre la parole à sa place pour répondre.

« Le *Te Deum* est sur vos lèvres, la joie dans vos cœurs. Ah ! il est bien juste que vos âmes glorifient le Seigneur pour toutes les merveilles

qu'il a opérées en faveur de votre congrégation. La Providence l'a bénie, la conduite, l'a
tirée de tout péril. Et c'est une merveille que
la *Sainte-Famille* subsiste, en dépit des tempêtes révolutionnaires qui ont tout bouleversé,
et des persécutions qui ont anéanti la plupart
des institutions religieuses. C'est une merveille
qu'elle puisse aujourd'hui fêter son *Cente-*
naire : cela ne témoigne-t-il pas de son étonnante vitalité ? Oui, rendez hommage à Dieu,
gardez le souvenir des Fondatrices et des Supérieures qui ont fait la congrégation, et que
leurs exemples vous soient un soutien, une
force dans la pratique de vos austères devoirs.

Et vous, mes chères enfants, ajoute monsieur
l'Aumônier, en s'adressant aux élèves, vous
qui devez au pensionnat de la *Sainte-Famille*
l'inestimable bienfait de votre formation chrétienne, vous aussi vous avez à remercier le
Ciel en ce beau jour ; vous avez surtout le
devoir d'être fidèles aux enseignements reçus
ici ; vous avez le devoir de maintenir les traditions de foi, d'esprit chrétien, d'aimable simplicité qui sont la marque de la *Sainte-Famille,*
de vous montrer, à travers le monde, des vaillantes et des convaincues.... »

Le salut du très saint Sacrement suivit cette
réunion tout intime, toute familiale, de laquelle
chacun emporta un souvenir plein de grâce
et de suavité.

Quelques heures de repos et de recueillement suivirent. Ce ne fut pas la veillée
d'armes, mais plutôt celle de l'attente joyeuse
dans la prière.

La lune brillait dans un ciel d'une limpidité
implacable... Le thermomètre marquait au
nord 14° au-dessous de zéro. Le temps hélas !
n'était que trop favorable au vol des « grands
oiseaux » de malheur. La nuit serait-elle
calme ? Neuf heures du soir... Une traînée
lumineuse, un craquement formidable. La
réponse ne se faisait pas attendre. Les avions
ennemis survolaient la ville et y semaient leurs
bombes homicides et incendiaires. On courut
au refuge ordinaire, à la cave, aménagée, du
reste, à cet effet. On pria pour les malheureux
qui avaient à souffrir pendant que les taubes
étaient poursuivis, et que le tac-tac des mi-
trailleuses tranchait de sa voix stridente et
saccadée sur le tonnerre des canons de la
défense...

Et tel fut l'impressionnant carillon de
guerre, qui annonça, d'une manière plus que
grave, la fête du lendemain.

A la première messe, bénédictions et prières
s'élevèrent ardentes vers les saints protecteurs
qui, depuis un siècle couvraient si visiblement
la maison de leur efficace et puissant patro-
nage. On chanta le cantique de la *Sainte-
Famille* composé pour la circonstance. Pen-

dant la communion, le chant du Père Herman:
« Mon âme, ah! que rendre au Seigneur ? »
convia les âmes à une action de grâces toujours plus vive et plus aimante.

A 9 heures. Monseigneur fit son entrée
solennelle et la messe pontificale fut célébrée
avec toute la splendeur liturgique de ses cérémonies.

Sa Grandeur était assistée de MM. Cadot et
Mantel vicaires généraux comme diacre et
sous-diacre d'honneur. M. Daveluy, doyen du
Chapitre et archiprêtre de la Cathédrale, fit
l'office de prêtre assistant.

En face du trône avaient pris place M. de la
Villerabel, vicaire général, entre M. Devaux,
vicaire général, Supérieur des Missionnaires
diocésains, et M. le chanoine Talva, aumônier
de la *Sainte-Famille.*

M. le chanoine Vimeux, curé de sainte-Anne
et M. le chanoine Bellettre, remplaçant M. le
chanoine Josse souffrant, remplissaient les
fonctions de diacre et de sous-diacre d'office.
M. l'abbé Demarcy, secrétaire-trésorier de l'Evê-
ché, faisait l'office de maître des cérémonies.

Tout le clergé de la ville était là : chanoines,
curés, directeurs et professeurs des Séminaires
et des Collèges, aumôniers, vicaires formaient
au vénéré Pontife une couronne d'honneur et
donnaient à la Maison, par leur présence, une
marque de précieuse sympathie. Les commu-

nautés religieuses de la ville étaient représen-
tées par plusieurs de leurs membres. L'assistance était nombreuse et recueillie.

A la tribune, les chants furent exécutés avec
une véritable piété et une rare perfection, et à
11 heures, sa Grandeur, qu'entouraient MM.
les vicaires généraux et les membres du clergé,
reçut les hommages des religieuses et des
élèves.

> Enfants, chantons le *Centenaire,*
> Faisons vibrer les harpes d'or,
> Au souffle saint donnons l'essor,
> C'est fête au Ciel et sur la terre !

Accueilli par la cantate du *Centenaire,* il
écouta ensuite avec une bienveillante attention
la lecture d'un poème qui relate l'histoire de la
Congrégation, à laquelle il répondit avec la
meilleure grâce et entraîna les âmes dans un
confiant *Sursum corda,* en les élevant au-dessus des tristesses de la guerre.

Au déjeuner que présida Monseigneur, ayant
en face de lui monsieur le chanoine Talva,
prirent place les notabilités ecclésiastiques et
religieuses de la ville, et les plus insignes bienfaiteurs. A l'heure des toasts, monsieur l'Aumônier résuma tous ses vœux dans un mot, le
bonheur, le bonheur d'un deuxième Centenaire
suivi de beaucoup d'autres, dans le même
esprit de foi, le même esprit religieux, le même

esprit de modestie et de travail, dans le même enseignement chrétien qui estime n'avoir jamais asez parlé de Dieu, l'avoir jamais assez fait connaître et aimer, dans la même activité que ne lasse. aucune fatigue ; dans la même pénombre, à l'abri des théâtres où se font les grandes renommées, toujours semblable à ces fruits savoureux qui acquièrent plus de suavité en mûrissant sous les feuilles.

A son tour, Monseigneur félicita la *Sainte-Famille*, et acclama, dans la bonne Mère Supérieure, cent années de travail, employées à la plus belle, à la plus importante, à la plus haute de toutes les œuvres, l'instruction chrétienne des enfants. Innombrables sont les âmes auxquelles la congrégation a fait du bien en jetant à pleines mains, chaque jour de sa longue carrière, les célestes semailles dans le champ du Père de famille. Qu'elle en soit remerciée ! Qu'elle soit aussi soutenue de nos vœux les plus ardents pour résister à toutes les difficultés et à toutes les tribulations. Que des jours plus calmes lui permettent de retrouver la prospérité d'autrefois, afin qu'elle continue à faire le bien dans le diocèse et au-delà, durant le nouveau siècle qui commence pour elle, et auquel nous souhaitons que bien d'autres viennent s'ajouter. La moisson sera ample, nous n'en doutons pas, en fruits excellents et de premier choix.

La Chapelle était comble aux vêpres pontificales qui suivirent les agapes. La foule était avide d'entendre le panégyrique que devait donner M. l'Aumônier. L'orateur se défendit de tout autre dessein que de faire l'histoire de l'enseignement chrétien au xixe siècle, en faisant l'histoire de la *Sainte-Famille*, et montrer que son œuvre fut une œuvre nécessaire, une œuvre féconde, une œuvre bénie que peu d'associations similaires ont égalée, que nulle n'a surpassée en ampleur et en efficacité.

« C'est à Besançon que la *Sainte-Famille* prit naissance. Une sainte femme, une de celles dont on peut dire que c'est une grâce de les avoir connues, une joie d'en contempler la physionomie, un encouragement au bien que de savoir comment elles l'ont elles-mêmes compris et pratiqué, lui donna le jour dans une petite chaumière, qui se transformait tour à tour en salle de classe, en ouvroir, en chapelle, suivant les nécessités de l'heure. Elle n'en fut pas moins reçue à son entrée dans le monde par d'insignes bienfaiteurs. Elle eut pour parrain le Père Varin, de la société de Jésus, fils d'un conseiller au parlement de Franche-Comté, ami des fils de l'illustre Maison de Broglie, fondateur des collèges d'Amiens, de Besançon, de Belley, prédicateur de renom, directeur excellent, excellent conseiller, lui aussi un apôtre et un saint. Tel fut son dévouement à l'œuvre nouvelle, dévouement dont ses frères ont hérité, qu'il est permis de dire que la *Sainte-Famille* est restée, pour l'illustre Compagnie, une filleule de prédilection, et sans qu'il y ait un lien de parenté directe entre les deux Instituts, comme une nièce d'adoption, chère parmi les plus chères.

Pour une telle pupille, ce n'était pas trop de deux marraines. Elle devait en trouver une ici-même à la *Maison du Sacré-Cœur*, cette autre gloire d'Amiens, également protégée du P. Varin, où l'attendait l'accueil le plus cordial, le plus hospitalier, le plus fraternel.

Elle avait rencontré la première au célèbre couvent *des Oiseaux*, à Paris, où la vénérable Fondatrice fit un séjour de six semaines, afin d'y étudier les règles des Ordres enseignants, et où elle écrivit les constitutions de la *Sainte-Famille,* constitutions marquées au coin de la plus haute sagesse et tout empreintes de l'esprit de Dieu. Elle y parut douce, simple, mortifiée, édifiante. Elle se lia intimement avec la Mère Euphrasie, la Supérieure, et c'étaient deux belles âmes qui s'entendaient parfaitement et qui ensemble travaillèrent à l'établissement de la *petite dernière.*

Or, la *petite dernière,* c'était alors Amiens, dont la fondation décidée devait se réaliser le 5 février 1817, par l'envoi de trois religieuses et de trois novices.

L'opulence ne leur tendit point les bras. Une pauvre maison avec un dortoir commun, voilà pour le logis ; du pain et de l'eau, voilà pour la nourriture ; cinq ou six vieilles chaises et quelques meubles boiteux et démodés, voilà pour les aises de la vie : c'était Béthléem, et Béthléem, n'est-ce pas le vrai berceau de la *Sainte-Famille ?...*

Fleur du pays bisontin, transplantée aux bords de la Somme, elle ne tarde pas cependant à y pousser des racines vivaces et profondes. Semblable à toutes les œuvres de charité et de miséricorde, elle commence humblement, mais elle se répand bien vite dans les villes et les campagnes, où elle rend d'immenses services en donnant ses soins à l'éducation des enfants et des jeunes filles.

La nécessité d'une pareille création ressort de la rapidité même de ses progrès. Dans l'ombre et le silence de ses classes, pendant que le monde s'agite et s'ébaudit, toujours en voie de redevenir païen, dans la fièvre non intermittente des plaisirs, des intérêts, des vanités, de toutes les passions, elle travaille. Ses écoles ne sont rien moins que des ateliers d'âmes, ignorés ou méprisés de tout ce qui est incroyant ou frivole, mais d'où sortent assez de chrétiennes pour garder aux veines du peuple le sang généreux qui le fait vivre.

Mais qu'était-il donc si grand besoin d'apôtres de l'éducation populaire dans les premières années de ce dix-neuvième siècle, qui, dès son début, devait fièrement s'intituler le siècle des lumières, et au lendemain de cette fantastique épopée impériale, où les plus ambitieux avaient pu se désaltérer à longs traits à la coupe de la gloire et se repaître d'illusions au rendez-vous de toutes les grandeurs ? Celle-là aussi était une renaissance à son aurore, et comme la résurrection du siècle de Louis XIV !...

Oui, mais il n'y a pas moins grande pitié parmi les foules. Si les hauteurs sociales sont baignées dans la lumière, les bas-fonds sont ténébreux.

La multitude croupit dans une ignorance qui alimente la corruption. Il n'y a que peu ou point d'enfants à savoir lire, et je ne sais rien de poignant, rien de douloureux comme le cri de détresse poussé par un grand évêque : « Ah ! gémit-il, la moitié des enfants ignorent jusqu'au signe de la Croix et la plupart n'ont jamais récité le *Pater* » !...

Ce sera le rôle de la *Sainte-Famille* et des autres associations fondées dans le même but, de montrer par leur vie comment on bâtit, à force de hardiesse, les écoles chrétiennes, comment on les développe à force d'épreuves courageusement supportées, comment on inspire à d'autres les mêmes vertus et les mêmes sacrifices, pour continuer l'œuvre et la mener à bonne fin...

A ne la considérer. qu'au point de vue humain, la mission d'enseigner est déjà une mission éminente, dont l'importance n'a échappé à aucun temps, car c'est autour de l'enfant que se livrent les plus décisives batailles dans l'histoire des nations...

Considérée au point de vue surnaturel, elle est vraiment sublime...

Pour l'aider à la remplir sans découragement et sans faiblesse, Dieu avait ménagé à la *Sainte-Famille* d'Amiens une grâce de choix, en lui donnant pour première Supérieure Générale, une femme selon son cœur, la Révérende Mère Marie-Félix Crevoisier, en qui les contemporains reconnaissaient un esprit distingué, une habileté remarquable, un esprit de foi sans ombre. Cet esprit de foi fut l'âme de sa vie et la source d'une influence qui dure encore...

Sauver les enfants était l'unique besoin de son cœur ; et dans les enfants, elle voyait l'Enfant-Dieu lui même, lorsqu'il grandissait dans la boutique du Charpentier, sous le regard de sa divine Mère et de son Père adoptif. Puis elle voyait le bon Maître, quand il cheminait par les villages, entre les collines qui vont de Nazareth à la mer de Galilée, fatigué parfois de la route et du soleil, et en même temps, elle voyait les petits Galiléens autour du Dieu au sourire si doux, et elle entendait la parole qu'il fit retentir un jour, qu'on voulait les écarter de lui : « Ah ! laissez, laissez-les approcher... Ce que vous aurez fait à l'un de ces petits, c'est à moi que vous l'aurez fait ! »...

Voilà la charte d'affranchissement ! Voilà le dogme rédempteur de l'enfance abandonnée aux convoitises humaines !..... .

La fécondité d'une œuvre se peut mesurer à la grandeur du but à atteindre, des obstacles à surmonter et des résultats à obtenir. A ce triple point de vue, la *Sainte-Famille* a le droit de se féliciter elle-même et n'a que des actions de grâces à rendre....

Le bien alors était-il plus facile et plus contagieux qu'aujourd'hui ? Je l'ignore. Toujours est-il que les religieuses étaient comme effrayées de leur rapide multiplication, et qu'elles se serraient, en quelque sorte, les unes contre les autres, craignant de profaner le cénacle de leur intimité en le laissant trop facilement envahir. Mais elles avaient beau se défendre, s'attacher, se cramponner aux charmes de leur amitié, le cénacle était pris d'assaut par une jeunesse enthousiaste, si bien que, moins de cinquante ans après sa naissance, la Société avait envoyé des essaims, dans les diocèses circonvoisins d'Arras, de Cambrai, de Soissons,... jusqu'à Toulouse où s'établit une

colonie, qui devait elle même croître et pros-
pérer....

On est en 1860. Il y a trois cents établissements, et plus de sept cents professes ne suffisent qu'à grande peine à la tâche de chaque
jour ; et il faut décider avec l'approbation de
l'autorité épiscopale que, pendant deux ans au
moins, on n'acceptera plus de fondation nouvelle.....

Ainsi le grain de sénevé avait grandi vite, et,
devenu un grand arbre, il abritait au loin les
oiseaux du Ciel. Dieu sert qui le sert, dit le bon
sens populaire, et la Providence ne se lasse
pas d'envoyer à la *Sainte-Famille* recrues sur
recrues.

Les voici huit cents, neuf cents, mille !....

En même temps elle étend toujours plus la
sphère de son action. La ruche bourdonne de
vie intense. Les études, les méthodes d'enseignement, l'esprit religieux occupent tous les
loisirs.... .

Et les succès sont si constants et si avérés,
que le temps n'est pas très loin encore, où les
amateurs de piquants spectacles se donnaient
rendez-vous dans la salle des examens officiels,
pour y voir élèves et maîtresses, postulantes et
novices, en uniforme, comme des soldats sur
le champ de manœuvre. conquérir certificats
et diplômes, et cueillir autant de gerbes de
laurier qu'il y avait de candidates !....

Mais aussi que de garanties ! Trois examens par an pour les novices, en présence des supérieures de la communauté, et devant une commission d'ecclésiastiques désignés par l'Evêque, qui lui-même préside souvent, un examen annuel pendant huit années consécutives pour les religieuses, à dater de l'émission de leurs premiers vœux, leur valent cette réputation d'institutrices sérieuses, instruites, bien à la hauteur de leur tâche, capables de soutenir toutes les comparaisons...

Et, comme les postes et les lettres d'obédience ne sont donnés qu'à celles dont les notes attestent la valeur professionnelle, le savoir, la formation, les aptitudes, l'impartialité et la bonne foi ne peuvent pas ne pas voir, dans ces mesures, des garanties susceptibles de donner satisfaction aux plus exigeants....

Et si l'on sait, par ailleurs, qu'à ce soin s'ajoute constamment celui de la discipline, de l'épreuve et de la solidité des vocations, du progrès des âmes, de la charité et de la concorde parmi les sœurs, il n'y aura qu'une voix pour redire : Cette œuvre est l'œuvre de Dieu et l'objet de ses prédilections !..

Ce n'est pas le moindre mérite de la *Sainte-Famille*, et c'est la première cause sans doute de son superbe accroissement, d'avoir cru à sa mission sans déclin, et d'avoir conservé en elle une foi intacte.

Le travail n'en est pas plus facile ; car si l'homme est le roi de la création, l'enfant aussi est roi, il est monarque d'un monde autrement splendide et merveilleux que le monde visible.

Les petites filles surtout sont vraiment reines, reines des chimères et souveraines des illusions. Dans les premières années, elles se jouent au sein de l'existence, comme au milieu d'un songe perpétuel, et n'admettent dans leur royaume, ni l'indigence, ni l'humilité, moins encore la laideur... Dès qu'elles sont en âge d'apprendre, toutes leurs préférences vont aux immortelles histoires du prince Lutin, de la bonne fée Urgèle et de l'Oiseau Bleu.

Naïveté touchante à laquelle on sourit !... Mais en présence de tant de charmes, n'y a-t-il qu'à se croiser les bras et à laisser faire ? Non, évidemment. Un tel système ferait trop large la part à l'instinct, au tempérament individuel, au milieu social, à l'hérédité, et à tout cet ensemble de forces qui agissent sur nous, souvent à notre insu et malgré nous. « C'est un excès de confiance, dit La Bruyère, d'espérer tout de la bonne éducation des enfants, et une grave erreur de n'en attendre rien et de la négliger. » Par conséquent, rien n'est plus sage que la recommandation faite au personnel enseignant de travailler avec confiance à l'éducation, comme si elle pouvait tout, avec patience et résignation, comme si elle ne pouvait rien ou presque rien...

Le champ reste donc ouvert. Aussi bien on n'en a jamais fini avec l'éducation et l'enseignement.

Il y a les méthodes à rajeunir de cycle en cycle, et presque d'année en année...

Il y a la spontanéité à favoriser, l'élan à provoquer, l'esprit d'initiative à développer...

Il y a les intelligences à nourrir d'une moëlle toujours plus substantielle...

Il y a les têtes à modeler afin qu'elles soient bien faites, plutôt que bien remplies, comme demande Montaigne....

Il y a les volontés à si bien forger, qu'elles restent à jamais l'outil infrangible avec lequel s'accomplit la rue besogne de la vie...

Il y a les caractères à former ou à réformer, et ce n'est pas un petit métier que de « faire trotter » l'enfant devant soi, suivant l'expression pittoresque du même Montaigne, afin de l'encourager si l'allure est bonne, de le reprendre si elle est défectueuse, et de l'habituer peu à peu à se tenir bien planté sur les pieds et à regarder en face les hommes et les choses, ne craignant que Dieu, et le mal que Dieu défend...

Tout cela n'empêche point, bien au contraire d'apprendre à devenir honorable, utile, vertueux, chrétien....

C'est dans cet esprit que la Sainte-Famille élève les jeunes filles et que tous ses efforts tendent à en faire des personnes de bien, à qui le Ciel ne fera pas oublier la terre sans doute, mais à qui la terre surtout ne fera pas oublier le Ciel. Tâche magnifique, qu'exalte le panégyriste d'aujourd'hui, qu'exaltera mieux encore, — nous l'attendons de la protection divine — le panégyriste du prochain *centenaire,* en proclamant à son tour que la *Sainte-Famille* a bien mérité de l'Eglise et du Pays, de la religion et du patriotisme !... »

Le prédicateur parla avec de tels accents, lit-on dans la *Chronique Picarde* du 7 février, avec une chaleur si communicative, que l'émotion fut très vive, et fut à plusieurs reprises sur le point de se manifester par des applaudissements, malgré la sainteté du lieu.

Monseigneur tint à dire le dernier mot de cette grandiose et consolante cérémonie :

« Nous venons d'entendre un magnifique langage, un discours admirable, et beaucoup plus qu'un discours. — Ce panégyrique est incontestablement le plus beau monument qui ait été élevé à la gloire de la *Sainte-Famille.* Grâces en soient rendues à Dieu, et à l'éminent orateur ». Le vénéré Pontife dit ensuite son bonheur de posséder dans son diocèse une congrégation religieuse toute consacrée au bien des âmes, sa reconnaissance pour les services qu'elle a rendus, ses vœux pour une prospérité croissante jusqu'au prochain *Centenaire*.

« Mais, ajouta-t-il, la prospérité des œuvres de Dieu n'est pas celle que conçoit le monde ». « Ils m'ont persécuté, dit le Maître, ils vous persécuteront ».

« Mes bien chères Sœurs, vous avez beaucoup souffert dans le passé, vous aurez toujours à souffrir. Confiance! La croix est le don de Dieu à ses amis ».

Puis Monseigneur songea à cette portion de la Picardie encore sous le joug du barbare envahiseur, à la France ruinée et meurtrie ; et son âme s'émut à cette pensée, son espoir toutefois restant inébranlable :

« Notre chère patrie est bien éprouvée, mais toujours vivante : tant de larmes ne coulent pas en vain, tant de *Fleurs de France*, fauchées dès le printemps de leur vie, ne tombent que pour refleurir. Après avoir traversé des jours de deuil, la France ressuscitera par Celui, comme Celui qu'elle ne reniera plus ; et, régénérée, elle vivra d'une vie plus intense et plus glorieuse que jamais.... ».

Le salut solennel du très saint Sacrement vint terminer la fête comme il convenait, et le

Te Deum éclata vibrant, chanté à « plein cœur et à pleine voix » par toute l'assistance.

Et lorsque Monseigneur éleva l'ostensoir d'or sur les fronts inclinés, chacun pria le divin Maître de sauver la France et de combler de ses biens la Société religieuse qui contribue pour la plus large part à sauvegarder, dans la région du Nord, la foi et les traditions chrétiennes.

Ainsi, la fête du *Centenaire* fut un succès, une joie et une consolation, en dépit des circonstances, des tristesses de la guerre, de la rigueur persistante de la saison, de la difficulté des communications. Aujourd'hui encore, elle reste pleine de souvenirs inoubliables et très doux, dont la seule évocation met dans les yeux des larmes de sainte fierté, et fait monter du cœur aux lèvres un hymne perpétuel d'actions de grâces. La *Sainte-Famille* en garde la mémoire comme celle d'une céleste vision.

XV

Les dernières années. - La mort

La vie de la révérende mère Maria avait à lutter, depuis la sécularisation, contre un obstacle, dont sa force d'âme ne tenait pas assez compte, mais qui appelait sans cesse sa résignation. Sa santé, ébranlée par de trop rudes labeurs et de trop vives émotions, l'exposait aux plus graves conséquences et exigeait des repos de plus en plus fréquents et prolongés. Deux fois, en 1912 et en 1914, elle s'était imposé le plus pénible des sacrifices, en subissant une intervention chirurgicale, qui n'avait amené qu'une amélioration momentanée, et qu'il eût été indispensable de renouveler au bout de quelque temps. Mais toutes les instances ne purent triompher d'une délicatesse obstinée ; elle ne se sentit pas le courage de vaincre les alarmes de la pudeur. Du reste, elle ne reprochait à ses malaises répétés et croissants que d'arrêter son activité, et de la condamner à s'occuper d'elle-même.

Voici en quels termes elle s'en plaint à l'une de ses conseillères : « Je me proposais de vous écrire le dimanche 30 janvier, mais j'avais compté sans la crise. Rien ne la faisait prévoir, et cependant elle fut assez forte dans la nuit de samedi à dimanche, et depuis je ne suis pas encore remise. Je garde la chambre et éprouve, la nuit surtout, des battements de cœur très précipités. Les journées passent à peu près, mais j'appréhende le soir. Le cœur est bien pris ; ce sont les muscles, me laisse-t-on entendre, qui sont fatigués par des émotions remontant à loin. Les pulsations sont rarement inférieures à cent vingt ou à cent trente. Et je ne peux pas travailler ! Priez pour que je sois bien résignée à la volonté divine ! »

Elle revient sur la même idée en s'adressant à la directrice du pensionnat de V... « J'envie le bien que le bon Dieu fait par vos mains, et vous remercie de vos prières. Certainement mon grand désir est de retrouver des forces, de la santé, et de m'en servir pour la cause du divin Maître. Mais je désire aussi la soumission à sa volonté.... Depuis trois semaines, je n'ai pas eu de crise d'étouffement, grâce au régime lacté exclusif, et je me suis un peu occupée dans ma chambre ; j'ai même fait quelques courtes promenades dans le jardin. Les suffocations de la nuit ont fait place à des sueurs abondantes, ce qui m'empêche souvent d'assister à la messe.... Ah ! n'attendons pas la maladie pour prier et être fidèle à la règle ! Profitons plutôt de la santé pour aimer beaucoup le bon Dieu et le faire aimer. »

Les pensées de la mort ne quittaient plus la vénérée Mère. A mesure qu'elle approchait de la fin, son visage prenait une expression plus recueillie. L'âme des justes exhale, comme les fleurs, plus de parfum vers le soir. Les tristes événements consécutifs à la loi contre les congrégations, les événements plus tristes encore de la guerre, les séparations douloureuses de la sécularisation, la maladie de plusieurs de ses religieuses, la mort de plusieurs autres, contribuaient à la détacher de la terre. Le fruit mûrissait que Dieu se préparait à cueillir.

Depuis longtemps déjà, la révérende Mère ne faisait plus dans les rangs de la communauté que des apparitions de plus en plus espacées. Elle s'en faisait beaucoup de chagrin. En la voyant passer, légèrement courbée et chancelante, souvent seule, quelquefois appuyée sur le bras de sa fidèle garde, dans une attitude pensive et déjà lointaine, le visage ravagé par

le renoncement journalier et le mal qui continuait sa marche sourde et insidieuse, on avait
comme une vision soudaine des horizons de
l'au-delà, apportant avec elle de graves enseignements, et laissant tomber sur l'insouciance
de l'égoïsme, une pensée mystérieuse, je ne sais
quel émoi, dont l'ébranlement remuait l'âme
dans sa plus insondable profondeur.

En s'abattant sur elle, les années de souffrance n'apportaient pas un pli à son cœur, et
les rides, qu'elles attachaient à son front, ne
semblaient se montrer là que pour rendre à sa
vie de réclusion forcée un témoignage honorable. C'était la vieillesse qui approchait, sans
doute, mais au lieu de venir d'un pas timide et
lent, comme un hôte qui n'ose pas s'installer,
elle se jetait sur sa victime, comme une proie
convoitée, avec tout son cortège de douleurs et
d'humiliantes infirmités.

Cependant rien ne désolait plus la Mère
générale que l'impuissance à visiter les résidences, où sa présence avait tant de fois pro-
duit des explosions de joie, et plus encore,
depuis qu'on la savait aux prises avec la maladie, un redoublement de bonheur. On se rappe-
lait que c'était dans une tournée à Hazebrouck,
qu'elle avait été comme terrassée. C'est là, que
la désolante révélation s'était faite ; c'est de là
qu'elle avait répandu la consternation dans
toutes les maisons, et l'on se promit unani-

mement de veiller de plus près désormais. Il était trop tard !.... Pour elle, elle fit preuve de religieuse condescendance aux recommandations qui lui furent adressées, et elle ne sortit plus que pour des cas très rares, très courts et tout à fait urgents. Eût-elle sauvé sa vie, ou tout au moins prolongé ses jours, en se condamnant, dès le début, à une reclusion absolue? C'est le secret de Dieu. Lorsque sainte Chantal mourut à Moulins, à la suite d'un voyage qu'elle avait entrepris sur les prières de sa sainte amie madame de Montmorency, elle dit à ses sœurs : « Cette grande âme, toute dévouée à notre Institut, et que Dieu manie à son gré, croit que vous la blâmerez de ma mort ; mais vous savez, mes chères filles, que Dieu a ordonné nos jours et qu'ils n'en auraient pas été plus longs d'un quart d'heure ; et ce voyage a été d'un grand bien pour la maison où nous avons passé. Il faut vouloir ce que Dieu veut, et mourir quand il lui plaira ».

Il semblait toutefois que la révérende mère Maria, bien que gravement frappée, ne dût pas mourir encore, au moins d'ici un assez long temps. Les sœurs qui l'avaient suivie, pendant tant d'années, toujours active et ardente, s'étaient accoutumées à la croire nécessaire. « La mort, dit Guizot, est toujours imprévue, surtout quand la vie a été grande ». Hélas, la chère malade, pour le moment, n'était exposée encore qu'à savourer à longs traits, jour par jour, et heure par heure, toutes les angoisses de l'âme, et à être secouée, presque chaque nuit, de toutes les sueurs et de tous les frissons de la mort ! Indicible supplice ! Laisser la besogne tant aimée et les œuvres en pleine activité, et vivoter là, à quelques pas du tumulte de la vie, le corps délabré et le cœur aux abois, mais l'esprit intact et plus lucide que jamais, c'est peut-être plus que mourir !

Une longue maladie n'est pas non plus sans inconvénients d'un autre ordre. Un mauvais état de santé, s'il est persistant et sans probabilités manifestes de convalescence, développe, à l'insu même du patient, une espèce de sensibilité menue et douillette, qui recherche et goûte avidement les petits soins et les petits adoucissements. Rien de tel n'apparut chez la révérende Mère. Elle se laissa soigner ; elle ne se laissa jamais dorloter. Ce qui caractérisait son attitude, c'était une pensée plus haute, la pensée de conformer chaque jour davantage sa volonté à la volonté divine.

Autre réflexion. La plupart des malades consomment toute leur énergie, à *tenir*, sans plus, et le comble de leur effort semble être un résignation, plus gémissante chez les uns, plus généreuse chez les autres. La révérende mère Maria, on le devine par ce qu'on sait déjà d'elle, avait plus de tempérament. Elle n'hésitait pas devant la prière de l'agonie, au jardin des Oliviers : « Si le bon Dieu le voulait, disait-elle souvent, comme cela lui serait facile de me guérir ! Que sa volonté soit faite! J'envie ceux qui vont jusqu'à se réjouir dans la souffrance et devant la mort. Moi, je suis trop lâche !... »

Pendant des années entières, elle donna le spectacle pathétique d'une existence qui se décomposait et d'une âme qui se transfigurait de clarté en clarté, dans la mesure même où la demeure terrestre se désagrégeait. Ceux qui l'ont approchée de plus près, comme l'Aumônier dont elle affectionnait la présence, suivaient, bien émus souvent, les âpres péripéties de cette noble destinée, pour l'aider à porter sa croix et à monter son calvaire. Ce qu'ils entr'apercevaient à travers les souffrances, c'était comme une vie toute nouvelle, vie de douleur calme, de concentrations intimes, de prières ininterrompues, qui se développait sans cesse, et aussi plus de douceur dans le ton, plus de simplicité dans les manières, plus d'affectueuse aisance dans l'accueil.

Sa façon d'écouter était même devenue remarquable, ainsi qu'on l'a observé chez d'autres infirmes. D'elle aussi on eût pu dire qu'elle attachait souvent plus d'importance et prêtait plus d'attention aux propos entendus, qu'à la visiteuse même qui les tenait. Quand ce n'était, sur un sujet d'ailleurs sérieux, que paroles en l'air, le silence calculé qui les recevait, le maintien réfléchi, les soupirs répétés en soulignaient la légèreté ou l'inconscience, et en rendaient le vide plus sonore. On ne la payait pas de mots. Son regard se posait droit sur l'interlocutrice ; et, tandis que les expressions s'écoulaient, elle allait chercher dans les ombres de l'âme une sincérité plus humble et plus authentique.

Chose singulière encore ! ou plutôt singulier effet de la maladie ! La révérende Mère ne conservait pas seulement, au milieu des ravages du mal, le plein et parfait usage de ses facultés, elle restait l'esprit prompt, le jugement sûr, très apte à débrouiller les affaires et les situations les plus compliquées, la volonté décidée et même habituée à faire prévaloir ses idées, qu'elle était antérieurement. Mais, sous le faix de la souffrance, son impressionnabilité devenait excessive et mettait une ombre dans ses qualités. Il en résultait, à certains jours, un état d'indécision et d'anéantissement, une prostration totale et tout à fait insolite de son intelligence et de sa volonté. Par là, nous n'entendons pas dire qu'elle connut les amères saveurs du doute ou du commandement. Non, au contraire. Comme son autorité était toujours respectée, sa foi, lumineuse et tranquille se mouvait, au sein des mystères de la religion, comme dans une vision sereine. Ici, c'est aux soucis, aux craintes, aux hésitations, aux incertitudes, aux véritables difficulés de l'administration qu'il faut songer.

La terreur de la nuit, qui lui réservait généralement les plus violentes attaques du mal, ajoutait encore à cet abattement extrême, d'autant plus que, pendant ses lourdes heures d'insomnie, elle était comme obsédée par la crainte des jugements de Dieu. Devant elle, elle voyait se dresser, pour un avenir prochain, le redoutable tribunal qui décide du sort éternel, après le passage de la vie ; et elle ne retrouvait la paix, qu'après avoir confié ses craintes et ses pressentiments au prêtre dont elle recevait la visite tous les jours, et souvent plusieurs fois par jour.

De la voir repliée sur elle-même, inquiète de tout, de la vie présente et de la vie future, du bien qu'elle avait fait et du mal qu'elle n'avait pas fait, ou qu'elle avait renié, de la grâce et de la bonté de Dieu, il la gourmandait légèrement ou plus vigoureusement, suivant les dispositions de sa malade, et il lui redisait après le père Olivaint : « Scrupules que tout ce vague que vous avez à l'âme ! Tentation que cette tristesse indéfinissable qui vous tourmente !... Sabrez-moi tout cela, et n'y songez plus ! » Et il ne se retirait jamais, avant que la confiance n'eût reparu.

A quelle hauteur elle s'élevait alors !

Lui seul pourrait le dire. A ses pieds, simplement, résolument, elle mettait son âme et toutes choses en ordre, et la paix revenait, la paix délicieuse qui est le vrai bonheur de cette vie et dépasse tout autre sentiment, suivant Saint Paul.

Cependant les forces continuaient à diminuer : sans illusion sur son état, la vénérable Supérieure était la première à se sentir enveloppée de l'ombre du soir. C'était plutôt l'aurore de l'éternel matin qui ne devait plus tarder à se lever. On voit, aux premiers jours de l'automne, les hirondelles se rassembler. La gent ailée regarde, attend, hésite avant de s'élancer, puis se balance longtemps dans l'azur, comme prise d'un regret de quitter nos arbres au feuillage doré, et notre ciel aux clartés alanguies. Mais brusquement la plus forte ou la plus hardie fend l'air, entraînant la troupe entière. Loin, très loin, elles s'en vont vers des plages fortunées, là où le soleil est plus chaud et plus douce la lumière. Ainsi, la révérende mère Maria, peu à peu détachée de la terre, entendait passer sur son âme l'appel vainqueur qui l'attirait vers une patrie plus belle et plus heureuse. Elle aussi essayait timidement ses ailes, comme pour prendre son vol dans le libre et large espace qui s'ouvre sur l'éternité.

Elle se dégageait lentement de la vie, tout en dépensant au soulagement du prochain ce qui lui restait d'activité, en introduisant toujours plus de compassion dans sa bonté, toujours plus de miséricorde dans sa charité même. Ici encore il n'y a qu'à feuilleter sa correspondance. « Vous serez à La G.... ma chère petite Sœur, ce que vous avez été à C... la petite servante du Seigneur. Par votre bienveillance, votre fidélité à la règle, vous ferez oublier votre jeunesse qui n'est plus tout à fait la première. Puis vous mettrez tant d'ordre dans votre vie, que vous trouverez du temps pour tout le reste. Quand vous aurez donné au bon Dieu le temps qui lui est dû, soignez vos classes; il faut que les enfants travaillent et que les parents constatent des progrès... Sœur M... est religieuse ; telle elle a été au moment du départ de là-bas, telle elle s'est montrée chez nous à son départ pour C. Elle a trop fourni d'elle-même jusqu'ici pour oublier; elle priera pour vous et pour celles qu'elle a laissées sur le métier.... Si vous avez besoin d'un conseil, M. et C... ne sont pas éloignés ; d'un côté comme de l'autre, vous trouverez personnes sages et prudentes ...»

Un peu plus tard, elle calme d'un mot aimable l'ambition professionnelle excessive.... « Vous voulez trop bien faire ! Quand la cage est pleine, il faut avoir le courage de ne plus accepter d'oiseaux !... » La directrice, à qui s'adressait cette dernière lettre, ajoute : « Que de fois elle m'a calmée avec cette parole : « Vous voulez trop bien faire ! » Elle avait pour moi cette signification: « Que sert de gagner l'univers ?.. » et je rentrais de grand cœur dans la sphère de mes petits moyens »....

La rareté des vocations, due souvent à l'affaiblissement de la foi et à l'énervement des caractères, assombrissait beaucoup les derniers jours de la révérende Mère. Elle s'en effrayait pour l'avenir de la congrégation, et pour le surcroît de fatigues qui s'ensuivait pour les travaillantes. « Je voudrais, ma chère mère, avoir des ressources pour secourir les aînées, les surchargées, les fatiguées, mais où les prendrai-je ? Notre pauvre petit noviciat ne se repeuple pas, et ce n'est pas sans appréhension que je vois arriver les vacances prochaines. ...Chez vous, que l'on tâche de se refaire, car si l'on venait à tomber, vous savez vous-même, pour l'avoir touché du doigt, que nous n'avons personne à donner en remplacement... Prions ensemble, sans perdre courage ni confiance. Les bonnes ouvrières, que nous demandons à cor et à cri, par de multiples neuvaines, n'arrivent pas. Le Ciel semble rester sourd à nos supplications: faisons violence au Ciel! Nous allons recommencer par l'intercession de notre bon père saint Joseph. Unissez-vous à nous;

ne nous lassons pas de prier, de travailler, de souffrir les unes pour les autres, afin d'obtenir que le bon Dieu veuille bien se servir de nous auprès des âmes et nous envoyer du monde... Pour ce que vous avez été obligée de débourser, ne vous tourmentez pas du tout. L'argent est le nerf de la guerre, et il en faut; mais, que c'est peu de chose en regard du reste! »

« Maintenant que les nécessités sont plus pressantes qu'avant toute autre époque, déplore une supérieure, que nous aurions donc besoin de celle qui fut l'incomparable ouvrière d'autrefois, qui se rendait compte sur place, notre lumière, notre décision, notre secours!

Elle avait une manière qui n'appartenait qu'à elle, de nous enflammer, en redisant à tout venant: « Le bon Dieu vous aime bien puisqu'il vous donne l'occasion d'exercer votre zèle et de vous user pour sa gloire... Surtout que les briques, le mortier et les matériaux de la reconstitution, que les affaires extérieures ne vous enlèvent pas une minute à votre ministère, former les âmes... Je vous conseille de faire chaque matin, aux pieds de Jésus, provision de patience et de grande bonté pour tenir avec une ferme douceur les guides de votre petit gouvernement. Si vous avez toujours les yeux fixées sur le divin Modèle, rien ne vous fera perdre l'équilibre ; vous serez invariablement douce et patiente. »

Ainsi elle élevait les âmes au-dessus d'elles-mêmes et les conduisait pour sa part, vers la perfection. Toutes ses lettres sont l'image de ses entretiens. Elle écrivait comme elle parlait, et elle parlait comme elle agissait, sans se départir de cette charité grave et ferme qu'elle mettait dans toutes ses relations. Elle répondait à quelques reproches de froideur et de réserve ce qu'elle avait cent fois redit: « Je ne peux pourtant pas, non, je ne peux pas, non je ne dois pas laisser tout aller à la dérive !... Il faut bien que je fasse observer la règle et les constitutions ! »

Nous avons lu ces épîtres, écrites au courant de la plume par la Supérieure générale, toujours souffrante et toujours pressée, et nous avons ressenti une profonde édification, qui nous amenait parfois les larmes aux yeux. Elle n'a pas laissé tomber un mot qui ne se ressentît du cours habituel de son cœur, orienté vers Dieu et le bien commun. Un grand nombre de celles qu'elle a ainsi aidées, dans leur difficile mission d'enseignement, l'ont précédée au Ciel et l'y ont accueillie ; d'autres lui ont survécu et ne se consolent pas de son départ. C'était une de ces âmes qu'on ne rencontre pas tous les jours sur son chemin, et dont on porte à jamais le deuil dans son cœur.

Malade, et malade incurable, la révérende mère Maria ne pouvait plus guère s'occuper qu'à multiplier les actes de sa charité, spécialement à l'égard des malades. « Moi aussi, j'ai hâte de vous revoir. Néanmoins je ne veux pas que vous commettiez d'imprudence en partant trop tôt. Ne le faites qu'avec la permission du docteur, et voyagez en seconde ».

Sa grande consolation était de pouvoir envoyer de différents côtés de rassurantes nouvelles : « Madame P., vient de faire une congestion pulmonaire. Nous avons été très inquiètes pendant quarante-huit heures. Elle va mieux et se remet doucement. Bientôt, je l'espère, elle pourra descendre... ».

« Quant à Mère Assistante, elle a tout-à-fait repris son petit train de vie. L'opération n'est plus qu'un souvenir déjà éloigné »....

« Mère Anysie va aussi bien que possible ; mais elle a beaucoup de précautions à prendre. Elle peut tout de même se promener un peu dans sa chambre, et bientôt, nous en avons confiance, elle aura le droit d'aller à la tribune pour assister à la messe. Le docteur ne se serait pas attendu à cela, il y a seulement trois semaines, tellement le mal paraissait se développer rapidement...

« Il y a du mieux aussi chez Mère Raphaël; mais elle n'a pas encore osé venir à Amiens. Grâces soient rendues à Dieu ! et prions, prions, prions ! »

(Août 1921-Janvier 1922).

Vers la même date, elle rendait compte de son propre état avec une apparente satisfaction. « Mes journées sont assez bonnes, et mes nuits ne sont plus aussi mauvaises. J'aurais tort de me plaindre. Restent les douleurs, qui m'empêchent de reposer, douleurs névralgiques, à ce qu'on me dit, qui arrivent à peu près à la même heure, entre dix et onze heures du soir, et me quittent de même, entre trois et quatre heures du matin. Comme vous le voyez, ce n'est pas encore la vraie résurrection... Le temps est froid et pluvieux ces jours-ci ; cela m'empêche de sortir. Je vais pourtant à la chapelle, et, le midi, je descends à la cuisine pour mon *copieux repas* ! C'est mieux qu'il y a un mois. J'ai regagné trois livres ! Comment cela finira-t-il ? Le meilleur pour moi, c'est de m'abandonner à la volonté divine. J'y travaille; mais il n'est pas toujours aisé de regarder la mort bien en face et de dire: J'accepte. Priez pour m'obtenir la grâce d'une parfaite soumission. »

(Mars 1922).

Le soulagement le plus sensible à son cœur de Mère se trouvait dans les témoignages d'affection et de reconnaissance qui lui arrivaient de tous les points. Il n'y avait pas une de ses filles qui ne priât avec ardeur pour sa guérison, et plusieurs offraient le sacrifice de leur vie pour la conservation de la sienne. Elle les en remercie avec effusion : « Oui, oui, je sais que vous avez de l'affection pour moi, et que, me croyant encore utile à notre Institut, vous ne pouvez vous résoudre à me perdre. Aussi fais-je, pour guérir, tout ce qui m'est prescrit afin de vous continuer mon assistance. Mais enfin, si Dieu veut disposer de mes jours dans un autre sens, ne cherchez plus à vous y opposer. Nous ne sommes religieuses que pour nous soumettre plus volontiers à ses ordres ; et, s'il m'appelle à lui, je veux être prête, afin qu'il ne trouve en moi rien qui lui déplaise ».

L'appel du Seigneur ne devait plus se faire attendre longtemps. Le redoublement des crises cardiaques, l'abolissement des forces, la disparition du sommeil, les sueurs nocturnes, l'épuisement qui suivait, en étaient comme les signes précurseurs. Ni les ressources de l'art et de la science, ni les industries de l'expérience, ni les attentions du plus pur dévouement que prodigua le docteur Gand, cet autre bienfaiteur de la *Sainte-Famille*, ne purent que retarder, sans l'éviter, le dénouement fatal.

La malade elle-même ne se berçait pas d'un faux espoir. Il n'y avait, pour ainsi dire, pas de jour où elle ne demandât que les derniers Sacrements lui fussent administrés. Mais, faute de danger précis, pas d'Extrême-Onction. Elle s'en plaignit plus d'une fois. « Vous verrez que

vous me laisserez partir sans le sacrement des
malades ! Promettez-moi, monsieur l'Aumônier, de compter sur vous pour m'avertir à
temps ! » La promesse était facile. Hélas ! la
mort aussi, et probablement la mort subite,
était trop facile à prévoir !

Pour elle, elle se réfugiait à tout moment,
autant que la souffrance l'en laissait capable,
dans « la prière qui épure l'âme, l'échauffe et
l'élance vers le Ciel ». La prière traversait ses
jours et ses nuits, tantôt s'exhalant de son
cœur et de ses lèvres, quand elle faisait, dans
sa réflexion « le tour des misères humaines » ;
tantôt plus spontanée, plus propice aux épanchements de l'âme dans le sein de Dieu, lors
de sa visite au saint Sacrement. Autant qu'elle
en avait la force, elle allait à la chapelle ; elle
y restait longtemps ; et là, le chapelet à la
main et les yeux fixés sur la Croix ou le Tabernacle, dans une confiance sans bornes, elle
disait tout au bon Dieu, lui exposant ses tristesses, ses peines, ses tentations de découragement, ses joies si rares maintenant, dans une
sincérité faite d'amour filial et de complet
abandon. Elle était parfois si abîmée dans son
oraison, qu'elle n'entendait ni le son de la
cloche, ni le bruit qui se faisait autour d'elle.
Les passants n'osant l'interrompre, la contem-
plaient avec respect, et, quand elle sortait, ils
remarquaient plus de calme dans ses traits, qui

portaient l'empreinte d'une plus grande quiétude.

Depuis que la terre se dérobait sous ses
pieds, elle appelait plus de ciel sur sa tête. A
l'exemple des saints, elle jugeait sa vie, avant
d'être citée au tribunal du souverain Juge.
Supérieure générale pendant vingt-cinq ans,
toujours réélue à chaque sexennat, presque à
l'unanimité des voix, elle manifesta bien, à
plusieurs reprises, en ces derniers temps, où
elle ne faisait plus que languir, le désir d'être
déchargée d'un fardeau qui lui causait tant de
fatigues, de soucis, d'inquiétudes, et elle
exprima souvent à ses confidentes les plus
intimes, le bonheur qu'elle aurait d'être déli-
vrée et de rentrer dans l'obéissance, mais elle
n'insista point. Au milieu de difficultés sans
cesse renaissantes, elle ne fut pas la supérieure
au découragement prompt, et menaçant à tout
propos de sa démission, qu'elle n'offrit jamais.
Elle était pleinement rassurée, dès que son
conseil lui laissait entendre que ce serait aller
contre la volonté de Dieu.

Il n'en était pas moins inévitable que sa vie,
comme toute vie active, ne soulevât quelques
grains de cette poussière du monde, dont parle
saint Léon-le-Grand « qui s'attache aux pas du
voyageur, et que le vent emporte jusque sur
les lis ». Elle s'en purifiait dans le bain de la
pénitence, qui lui était familier, quoique tou-

jours pénible, et elle ne passait pas une semaine, vers la fin, sans aller chercher dans l'absolution une pureté et une fraîcheur nouvelles. Habitude ou besoin de l'âme ? Les deux, sans doute, car c'est à la confession qu'elle recourut toujours pour dompter la verdeur de sa nature, mais plus encore durant les années de son supériorat, où la nécessité de commander ou de reprendre, et la vivacité de son tempérament l'emportaient et l'exposaient à quelques mouvements premiers. Les fruits qui mûrissent lentement sous le regard du soleil ne sont pas les moins savoureux. Ainsi en est-il des âmes qui mûrissent lentement sous les rayons de la grâce.

Même prévue, la mort a ses surprises. Elle vint brusquement au matin du 26 septembre 1922. La journée avait été bonne, relativement aux journées précédentes. La révérende Mère était même descendue au jardin et y avait fait une courte promenade. Elle se félicitait le soir à l'Aumônier d'avoir aperçu et salué à peu près tout son monde au passage. Mais elle se sentait maintenant plus accablée encore que de coutume, ayant du mal à se mouvoir sous le poids de cette tristesse mal définie et insurmontable qui l'étreignait chaque soir, à la tombée de la nuit. Soit pressentiment, soit lassitude extrême, elle ne pouvait plus se traîner. Elle se mit au lit et s'endormit d'un sommeil si régulier, que la religieuse, qui veillait dans sa chambre, crut à un repos salutaire. Vers trois heures du matin, la vigilante garde entendit comme le bruit d'une respiration plus profonde suivi d'un soupir plus prolongé. « Vous avez mal, ma révérende Mère ? » **Pas** de réponse. Sans annonce bien nette, la mort avait déjà passé, comme un voleur pressé de ravir une riche proie, et qui s'enfuit vite dans la crainte d'être poursuivi. La révérende mère Maria n'était âgée que de soixante-quatre ans et demi.

Devant ce départ soudain, les religieuses demeurèrent quelques moments frappées d'une morne douleur ; elles regardaient cette bouche muette et ces yeux éteints, et semblaient leur demander encore le mouvement et la vie. Le coup était tellement à l'opposé de leurs sentiments, qu'ayant en face d'elles la mort même, elles avaient peine à y croire.

Il le fallut bien cependant. La sacrifice fut accepté généreusement, sans délai, presque sans lutte, et comme par une infusion surnaturelle de résignation. Et qu'a-t-on à craindre à jeter ainsi aveuglément ses peines et ses afflictions dans le sein miséricordieux du Père qui est aux Cieux ? Et s'il a rappelé à Lui l'instrument de ses desseins, ne peut-il pas soutenir Lui-même son œuvre, sans l'appui des hommes ?

Pendant que les assistants se faisaient en eux-mêmes ces réflexions, l'Aumônier avait récité les prières liturgiques. Puis, selon l'usage des communautés, le corps avait été descendu à la grande salle et revêtu de ses habits religieux. Etendue sur son lit de mort, la révérende Mère avait comme dépouillé son vêtement de souffrance. Ses traits, tourmentés par la maladie, avaient repris une grande sérénité, reflétant comme un rayon de paix divine, et, pour retrouver le calme en soi, il n'y avait qu'à prier à ses pieds. Elle paraissait dormir d'un sommeil léger, prête à se lever au premier appel de Dieu.

Pendant trois jours, les visiteurs se succédèrent nombreux, et presque sans interruption, auprès de la couche funèbre ; et, à la dernière heure, avant la mise en bière, la foule des sœurs remplissait la salle, pieusement agenouillées et les yeux mouillés de larmes. Leur prière était coupée de soupirs et de sanglots difficilement contenus, et chacune venait à son tour, tremblante d'émotion et de douleur, faire toucher à son corps vénéré comme à la relique d'une sainte Mère, les chapelets et les médailles, qu'elles tenaient ensuite pieusement dans leurs mains, comme un souvenir et une protection.

Le vendredi 29, à dix heures, eurent lieu les funérailles. La chapelle, trop petite, était

comble, et les cours et corridors étaient noirs
de monde. Le plus bel ornement des funérailles fut, en effet, un nombreux cortège de
prêtres, de religieux et de religieuses, de bienfaiteurs et d'amis de la maison, d'anciennes
élèves et de laïques de toute condition, qui
voulaient tous, par leur présence, témoigner
de leur vénération à la défunte, et de leur sympathie à sa famille religieuse et à sa famille
naturelle.

Monsieur l'Aumônier chanta la messe de
saint Michel pour obéir aux prescriptions de la
liturgie, et Mgr le Vicaire général Mantel, présida les obsèques et fit l'absoute, en l'absence
de Monseigneur Lecomte, évêque d'Amiens, qui
avait télégraphié ses vifs regrets, et s'empressa
d'accourir de Lille, pour dire, dès le lendemain
matin, la messe de communauté, et exprimer
avec tout son grand cœur ses paternelles
condoléances.

A l'issue de la messe, le défilé fut long, et
plus long encore le cortège qui accompagna le
char funèbre sur la route de Cagny, où, après
une seconde absoute, eut lieu la sépulture.

Cagny! quel cadre imposant pour la lugubre
cérémonie ! Ce ciel de septembre finissant,
avec ses mélancolies et les pâles rayons d'un
soleil sans chaleur ; ces allées dénudées, où le
cortège promenait ses lenteurs, cette route aux
grands arbres dont les feuilles jaunies tom-

baient au souffle du vent, ces deux frères (1)
précédant la famille religieuse et conduisant à
la tombe une sœur ou une mère infiniment
regrettée ; ces chants de mort auxquels répon-
daient, çà et là, les premières rafales de la bise
d'automne ; ces trois cents croix uniformes,
dont les bras blancs tendus vers le Ciel, disent
la certitude de la résurrection, quel spectacle
inoubliable ! Nous voyons encore passer, par
rangs, les visages émus et graves, où se trahis-
saient des âmes fortement remuées par les
pensées austères, comme si le grand coup de
l'éternité, dissipant les nuages des suprêmes
illusions, avait fait apparaître, dans une vision
soudaine, les vraies et inévitables réalités...

Parmi les fleurs déposées sur le tombeau de
la regrettée Mère, nous en cueillerons trois
seulement, en témoignage des sentiments de
douleur et de vénération qui furent exprimés
un peu de toutes parts.

A l'annonce de la mort, Monseilgneur André
de la Villerabel, archevêque de Rouen, ancien
évêque d'Amiens et protecteur tout dévoué de
la *Sainte-Famille*, s'empressa d'écrire aux religieuses : « Quel deuil pour votre congrégation !
Votre douleur est la mienne. J'unis mes prières
aux vôtres, et je célébrerai la sainte messe
pour le repos de l'âme de la bonne mère Maria
Legrand, qui gouverna votre Institut en des

____

(1) Le révérend Père et M. Jules Legrand.

heures difficiles et douloureuses.... Sa grande
timidité empêchait au premier abord de la
bien comprendre ; mais, après avoir pénétré
dans sa confiance, il était facile d'admirer sa
belle intelligence et son sens religieux. »

De son côté, M° Aubey, avocat à la Cour
d'appel, l'habile et zélé défenseur de la Société,
adressa, de Paris, ces lignes pleines de cœur :
« Je regrette de ne pouvoir assister aux obsèques. Obligé de faire un voyage qu'il m'est
impossible de remettre, je vous prie de m'excuser. A mon prochain passage à Amiens, j'irai
vous renouveler l'expression de mes regrets
pour une séparation qui vous prive d'une
direction si ferme et si religieusement affectueuse. Votre Supérieure générale était à la
hauteur de la situation très difficile, créée par
une persécution dont j'ai rougi comme chrétien
et comme français. Nous l'avons vue sur la
brèche et nous avons pu apprécier son courage, sa persévérance et son absolu dévouement à sa mission. C'est grâce à elle, et à
l'appui qu'elle trouva autour d'elle, qu'a pu
être réalisée l'étonnante continuation d'œuvres
bénies de Dieu et si grandement utiles. Ses
traditions et ses exemples, j'en ai la conviction,
ne périront pas avec elle. »

A ces marques d'estime, la Supérieure générale de la congrégation-sœur, la *Sainte-
Famille* de Besançon, en ajouta une nouvelle en

écrivant dans l'effusion de son cœur: « Comme nous venons d'être douloureusement surprises en apprenant la mort de votre révérende Mère Maria ! A mon passage, au début de juillet dernier, je m'étais bien rendu compte qu'elle était très fatiguée, mais je n'aurais pu soupçonner un si prompt dénouement. J'étais revenue l'âme embaumée par tout ce que j'avais vu dans votre sainte maison. Je vous l'avoue tout simplement, j'admirais intérieurement la grande âme qui gouvernait votre Société, depuis de si longues années, avec tant de piété, de savoir-faire, de maîtrise de soi, où perçait la bonté. Cette bonté, je l'ai sentie plus particulièrement dans un entretien intime où la révérende Mère, expérimentée dans l'art d'administrer, voulut bien donner quelques conseils à une pauvre débutante en la charge.

Ah ! mes bien chères Mères et Sœurs, vous faites une grande perte, mais répétons-nous que si la révérende mère Maria sut si bien diriger la *Sainte-Famille* pendant qu'elle était sur la terre, dans quelle mesure ne s'en occupera-t-elle pas au Ciel ? C'est, dans les communications intimes des âmes, les grands biens qui subsisteront toujours entre elle et vous ! »

La terre s'est refermée sur la révérende mère Maria Legrand. Mais est-on vraiment fait, après plus de deux ans, au grand vide qu'elle a laissé ? Est-on vraiment accoutumé à son absence ? Et ne semble-t-il qu'elle va surgir un jour au milieu de nous, avec son fin sourire, avec son regard sérieux et bon, qui attirait les cœurs et lui méritait tant de confiance ? Non, elle ne viendra plus. Elle repose tout en haut du coteau qui garde en son sein la dépouille mortelle de la Mère, frappée par le trépas, à l'heure où l'on éprouvait plus que jamais le besoin de sa présence et de son action, et partie, après de grands travaux et de grandes souffrances, pour le lointain pays du Ciel.

Notre tâche finit avec ce récit abrégé de sa vie. Si imparfaite que soit l'ébauche, nous osons espérer qu'elle se fixera dans le cœur de ses filles. Une expérience déjà longue nous a appris que, pour être compris et apprécié d'elles, il suffit de nommer le travail et le sacrifice, la prière et le dévouement. Leur Supérieure générale fut un type de grandeur morale, parce qu'elle s'éleva constamment de la vie égoïste et étroite à cette vie large et pleine, dont la fécondité, comme celle de Dieu, ne se limite ni par le temps ni par l'espace. En gardant pieusement ses leçons et en marchant sur ses traces, elles resteront orientées vers les horizons divins et continueront le fertile sillon de la *Sainte-Famille*.

TABLE

AMIENS — IMP. YVERT & TELLIER